日本人のための
声がよくなる「舌力」のつくり方
声のプロが教える正しい「舌の強化法」

篠原さなえ　著

カバー装幀	芦澤泰偉・児崎雅淑
カバーイラスト	大久保ナオ登
本文デザイン	齋藤ひさの(STUDIO BEAT)
本文図版	さくら工芸社

少し長いまえがき
「舌力」とはなにか

　「舌力(ぜつりょく)」という言葉をご覧になって「なんだそりゃ」とこの本を手に取ってくださったみなさま、「舌力」とはいったいどんなものと想像されているでしょうか？
　巻き舌をつくる力？　違います。サクランボの柄を舌で結ぶことができる力とか？　それも違います。
　舌とは、実は7つの筋肉が集まってできている、大きな筋肉の塊です。なかでも、滑舌よくしゃべるために、そしてシャープでよく通る声を出すために必須の筋力というものがあります。それを私は「舌力」と命名しました。
　この力の必要性にはっきりと気がついたのは、私が、アナウンサー・声優・ナレーターなどの声のプロや、その卵たちへの指導を手がけるようになってからです。
　私自身、大学1年の頃からDJやMCなどの声の仕事を始めていて、20歳のとき、東京FM（現TOKYO FM）の番組で三浦友和さんの相手役のDJとして、プロデビューしました。その後はおもにレポーターや料理番組のアシスタントなど、タレントとして活動していましたが、本当に好きだったのは、企業紹介のビデオパッケージなどの、ナレーションの仕事でした。

自分が何かをつくって表現するより、そこにある文章をいかにわかりやすく伝えるか、という仕事に喜びを見いだしていたのです。そこで、DJ・レポーターに加え「ナレーター」も肩書に加えたのですが、当時はまだ、TVのナレーションはアナウンサーか有名な役者さんがやるのが当たり前で、「ナレーターをやっています」と言っても「それなに？」と問い返されることがほとんどでした。確定申告のときに税務署から「ナレーターではわからないからフリーアナウンサーとしてください」と、職業欄にダメ出しされたほど、知られざる職業だったのです（笑）。

　やがてアニメの声優や、女性としてはそれまで例のなかった野球実況アナウンサーと、活動の幅は広がっていきましたが、ようやくTV番組のレギュラーナレーションの仕事が増えてきたのは、三十代も後半になってからでした。それと時を同じくして、世間にも「ナレーター」という言葉が徐々に浸透していきました。

　一方で、世の中に「第四次声優ブーム」が到来しました。声優志望の人が世にあふれはじめ、声優養成機関も急増しました。すると、声優の仕事として比重が大きくなってきていたナレーションを、養成機関で教える必要が出てきました。そこで、声優とナレーションの両方の世界を知っている私に、指導者として白羽の矢が立ったわけです。

滑舌を悪くする"犯人"を追って

こうして後進の指導という仕事も始めることになったのですが、やってみると気がついたことがありました。

ナレーションを教えるには、それ以前に、発声・滑舌ができないと、ものを読むところまで行きつきません。ところが、生徒たちの滑舌をみていると、一つ二つおかしなところがあるというより、「何か根本的におかしい」と感じる人が意外なほど多かったのです。

みんな一生懸命なので、何とか解決策を見つけてあげたい、しかし20人もいるクラスでは、とても一人一人の問題までは見きれない。そこで私は、思いきって団体レッスンという形式をあきらめ、個人レッスンで指導することにしたのです。

一人一人の口をよく見ていくと、おかしな滑舌の原因がわかってきました。実は、そこには共通の問題がありました。「滑舌よくしゃべるためには、口を横に目いっぱい大きく広げなくてはならない」と思い込んでいる人が、あまりにも多かったのです。これは、声の世界にそのような間違った指導がはびこっているからです。本当は、滑舌よくしゃべるには逆に、口を小さく狭めることのほうが、はるかに重要なのです。

しかし、いくら「口を小さく」といっても、うまくできない人が大勢いました。その人たちをさらに観察すると、舌が歯の横からはみ出していたり、しゃべるときに前歯より前方に突き出していたりと、やたらと舌が目立つのです。体はスレンダーな

のに舌だけ太っているという人もいました。声の世界で長年生きているプロは、そんな舌はしていません。よく見るとみなさん、薄く、センターがぐっと反った形をしているのがわかります。

そこで、生徒たちにも「舌の反り」が重要だと説き、割りばしを使って反る形や場所を覚えてもらえるように工夫したりもしたのですが、それでも会得してもらうのは難しいことでした。

そのとき、ふと気づいたのが、舌が反れず、だらしなく広がっていたり、大口を開けてしゃべったりしている人は、かなりの割合で下顎が出ていて、受け口気味にしゃべっているということでした。下顎が出ると、一緒に舌も前に出てくるので、当然、舌が目立つことになります。この噛み合わせの悪さが、舌をコントロールできない原因ではないかと考えたのです。

そこで、下顎が前に出ている生徒たちを何人も、矯正歯科医に相談に行かせました。しかしその結果は、かなり程度が厳しい人以外は、「矯正の必要なし」と、ことごとく門前払いされてしまったのです。

"真犯人"がわかった！

何百人という生徒たちの口の中をのぞきこみながら、滑舌を阻害している"犯人"を追いかけてきたけれど、ついにここまでか——さすがに希望を失いかけました。

しかし、それでもあきらめきれず、古くからの友人が矯正歯科医をしているのを思い出して、相談してみました。すると、こんなことを教えてくれたのです。

——なぜ下顎が前に出るのか？　それは舌が下がっているからだ。舌が下がると顎も下がり、そこに舌の力がかかるために、下顎が前方へ押されてしまうのだ——

　それまでの私は「下顎が出ているから、舌が前に出たり横に広がったりするのだろう」と考えていました。そして、下顎を歯医者で治してもらえないかぎり、もはや手詰まりと考えていました。ところが、実は逆だったというのです。

　"犯人"は、顎かと思ったら舌だった！

　それは大きな衝撃であり、おおげさかもしれませんが、私には「神の啓示」にも思えました。

　それからは、生徒たちの舌を徹底的に鍛え、パワーがついたら、常にそれを入れたまま50音をつくっていくことを指導しました。すると、改善の見込みがなかった人たちの滑舌までが、どんどん変わりはじめたのです。やはり、「すべては舌の力から」なのだと確信しました。

　私はブルーバックスの前著『「魅せる声」のつくり方』でも、舌が全体に下がったままの状態である「低位舌（ていいぜつ）」と、後方が下がってしまう「前位舌（ぜんいぜつ）」（これも私の造語です）の害についてはくわしく書きましたが、それらを引き起こす"真犯人"も、結局はこの「舌の筋力不足」です。

　本書はこうした観点から、舌の筋力のうち、よい滑舌に必要な舌の力をとくに「舌力」と名づけ、どうすればその舌力をつけられるかということに的を絞って書きました。

　いま、あなたがこの本を手に取ってくださったということは、きっと声に対して、なにがしかのコンプレックスをお持ちなの

でしょう。鼻声、喉声、こもった声、小さくて聞き取りにくい声などが、すっきりとした聴きやすい声にならないものかと――。舌力がつけば、声は変わります。声が変われば、相手に与える印象までも、劇的に変わるのです。

「舌力」がつけば未来も変えられる

　しかも、舌力不足は声だけでなく、健康などにも大きな影響を与えます。第1章で書いた「ポカン口」、第2章の低位舌・前位舌はその弊害の最たるもので、呼吸・姿勢・さらには容姿まで左右します。また、頑張っているのにスポーツで結果が出せない人、仕事や勉強で成果があげられない人も、舌力不足を疑ってみるべきです。

　ただし、なかには子供のころから、ほとんど舌力がつけられなかった人もいます。そこには鼻や歯並びなどもからむ、トレーニングだけではどうにもならない理由があります。そうした問題は大人になってからでも解決はできますが、子供の頃に気がついていれば、というより周囲の大人たちが知識をもって、注意していれば、ずっと簡単に防げていたことなのです。これらについては第3章から第5章に書きました。

　「舌力」をアップするための筋力トレーニングの方法は、第6章で実践していただきます。『「魅せる声」のつくり方』で紹介した方法より、さらにピンポイントに舌力アップに狙いを絞ったものです。これを毎日続けていただけば必ず発声・滑舌がよくなり、呼吸や姿勢、さらに見た目も改善されるはずです。

そしてもう一つ、とっておきの話を第7章に盛り込みました。日本語には、日本語を話すための舌力も必要ですが、そのほかに、知っていれば人生で損をしないですむ日本語ならではの音の"秘密"があります。実はこれ、私のレッスンのなかでもメインテーマである「物を読むときの音の出し方・感情の乗せ方」の、基本中の基本の部分です。これを実行するだけで「暗い」「覇気がない」「ふて腐れている」などと言われない話し方が身につきます。これが子供の頃からできていれば、いじめられたり、コミュニケーション問題で悩むことがぐっと少なくなりますので、ぜひ、学校の国語の先生などにも知っていただいて、ほんの少しでも子供たちに意識させていただければと思います。
「自分は声に自信がある」という人は、本当に少ないと思います。でも、少しの知識と努力があれば、声は変わります。それまでがうそのように、声に自信がもてるようになるのです。そして声が変われば、あなたの人生が、未来が変わります。
　本書を、いま声に悩みを抱えている大人の方はもちろん、小さなお子さまがいるご両親や、学校、塾、クラブ活動などで子供たちを指導する立場にあるすべての方に捧げます。一人でも多くの方が、明るく、健康で、美しく、生き生きと過ごせるように――そして将来、この本の内容が小学校で教えられる日が来れば――そんなことを夢想しています。

もくじ

少し長いまえがき
「舌力」とはなにか 3

第1章 「ポカン口」は諸悪の根源 17

「舌力不足」は人生の損失　18
ポカン口の弊害──①低位舌　21
ポカン口の弊害──②口呼吸　23
ポカン口の弊害──③舌小帯　26
ポカン口の弊害──④顎の変形　27

日本人のための
声がよくなる
「舌力」のつくり方

第2章 「低位舌」と「前位舌」 31

あなたは低位舌かをチェックしよう　32
低位舌が引き起こすこれだけの問題　34
「前位舌」を治さなければ問題は解決しない　36
前位舌が治れば姿勢もよくなる！　37
前位舌は首の骨を変形させる　39
前位舌を治すと運動能力も向上した！　41
健康に直結する「腹式呼吸」も舌力から　45
「イビキ」「無呼吸症候群」の改善も　47
前位舌を治せば「小顔」「小さい唇」「しわ予防」も！　54
日本の美人画はなぜ「おちょぼ口」なのか　63
鼻声の原因も低位舌・前位舌！　65
もちろん滑舌も、舌力が命！　69
「吃音」に効果があった例も　74
舌は家の「屋根」である　76

第3章 「舌力」がつかない理由
①鼻の問題　79

鼻の問題を治すのは「親の責任」 80
アレルギー性鼻炎（下鼻甲介粘膜肥大） 82
鼻中隔湾曲症 85
アデノイド増殖症（子供のとき） 93
上咽頭の炎症（大人になってから） 96
ちょっとおかしいと思ったら「鼻うがい」を！ 98

第4章 「舌力」がつかない理由 ②舌小帯問題

舌小帯異常（舌小帯短縮症） 102
舌小帯の手術を勧める理由 104
- 症状レベル **重** 舌小帯異常Ⅲ型 107
- 症状レベル **中** 舌小帯異常Ⅱ型 108
- 症状レベル **軽** 舌小帯異常Ⅰ型 110
- 症状レベル ［番外］ 113
- 症状レベル ［番外の番外］ 116

「舌癒着」は舌小帯とは別の異常 119
手術を過度に怖れないで 121

第5章 「舌力」がつかない理由 ③歯並びの問題　125

なぜ歯並びが悪くなるのか　126
矯正にも慎重な判断を　127
反対咬合（受け口・切端咬合）とは　128
ディープバイト（過蓋咬合）とは　130
上顎前突（出っ歯）とは　131
インビザライン矯正とは　132
要注意！　歯科医にも得意不得意がある　133
ポカン口とディープバイトの連鎖　135
インビザラインの利点　138
顎変形症の手術をするときは　140
骨隆起（下顎骨隆起）の手術について　142
口蓋垂の不思議　147

第6章 効果絶大！舌力トレーニングをやってみよう 151

用意するもの 152

準備運動1 唇を狭める運動 153

準備運動2 舌と唇を同時に狭める「アカンベー運動」 157

本番1 ストロー吸い運動 159

本番2 ペットボトルとストローで「楽々」腹式呼吸 166

ストレッチ 舌の裏を伸ばす 171

第7章 人に好かれる日本語の話し方 175

「日本語の特性」を知ればあなたの印象が変わる 176
「はい」が変わって人生が変わった 176
日本語の特性――①母音と拍数 178
日本語とまったく違う英語の「音のつくり」 179
日本語の特性――②高低アクセント 181
日本語の特性――③抑揚も高低 184
抑揚とは、歌うような踊るような「揺らぎ」である 187
「揺らぎ」とはデータ量の多さである 189
子供のときの「はい」を思い出そう 191
学校で子供に教えてほしいこと 193
「揺らぎ」を入れる練習をしてみよう 195
歌舞伎も「揺らぎ」でできている 197

あとがき 200　　　　さくいん 203

第1章
「ポカン口」は諸悪の根源

▶「舌力不足」は人生の損失

「10年前に教わりたかった」
「子供の頃に知りたかった」

　生徒さんたちにレッスンをしていると、本当によく聞く言葉です。このセリフを聞くたびに、大人になってからそうつぶやかないですむように、何とかすべての子供たちに、私の知っていることを教えてあげたい……と思ってきました。

　それが足りないと、発声や滑舌に支障をきたすだけではありません。信じられないかもしれませんが、顔の形から運動能力、さらには健康にまで影響を及ぼすのが、本書で大きなテーマとしてとりあげていく「舌の筋力」＝「舌力(ぜつりょく)」なのです。

「舌力」というのは、私の造語です。まえがきにも書いたとおり、舌は7つの筋肉でできています。その7つの中でも、滑舌にとってとくに大事な筋肉があり、それをしっかり使うことができれば、日本語の発声や滑舌はもちろん、唇や顎の形、姿勢・バランス力までが変わるのです。そんな特別の筋力、という意味を込めて「舌力」と命名しました。どんな筋力かは、おいおい説明していきます。

　さて、舌力は、大人になってからのレッスンでも十分に伸ばすことができます。しかし、子供の頃にちょっと周りの大人が気をつけてあげていれば、大人になってから頑張るより、もっとずっと簡単に舌力をアップすることができます。しかも発声や滑舌と同時に、ほかのさまざまな問題

第1章 「ポカン口」は諸悪の根源

も解決するのです。
　たとえば、こんな方がいらっしゃいました。
「子供の頃から"ハキハキしゃべりなさい""暗い""覇気がない"などと非難されたり、いじめられたりもしてきたが、なぜそう言われるのか、さっぱりわからなかった」
　このように、大きな声が出ず、暗く覇気がないように見えてしまう人の多くは、「舌力」が不足しています。
　舌力不足だと、口内と口元で呼気の通り道を細くすることができません。すると、だらんとした勢いのない音になります。また、舌が緩んでいると、それに連動して顔や唇の筋肉も緩んでしまいますので、ぼんやりした顔に見えます。
　でも、舌力がついていれば、口と舌をきゅっと縮ませることができ、喉から上がってきた呼気を勢いよく口の外に出すことができます。その結果、そんなに力まなくても、ハキハキしたよく通る声になるのです。当然、口周りにも筋力がつき、きりっとしたシャープな顔になります。
　前述の方はこのことを理解して、こんなメールをくださいました。
「舌の訓練を始めたら、声を出すことが好きになりそうです。ただ、もっと早くわかってたら、違う人生を歩めていたのに……」
　この文面を拝見して、「声を出すことが好きになりそう」という感想をいただいたのは本当にうれしかったのですが、反面、子供の頃に誰かがこのことに気づいて改善してあげていれば、理不尽ないじめを受けなくてもすんだの

に、とも考えてしまいました。

 ほかにも、大学で学生の心理相談をしているスクールカウンセラーの方から、こんなご相談を受けたことがあります。
「コミュニケーション問題を訴えてくる学生の多くは、声のボリュームがコントロールできなかったり裏返ったりと、声に何らかの問題があるように感じます」

 そこで、「相談に来ている方たちは、口元がぼやっとしていたり、二重顎などで顔がたるんでいたりしませんか？」と尋ねたところ、やはり、「口元はぼんやりしているし、やせているのに二重顎で、表情も乏しい」とのお返事をいただきました。

 これらも、舌力不足が原因です。舌力がないと、前述のとおり、勢いのある音になりません。それでも何とか声を大きくしたいと頑張ると、力んでしまうことにつながります。すると首や肩に力が入り、「喉を絞る」ことで声のボリュームをコントロールしようとしてしまいます。結果として、耳障りな大声になるか、逆にとても小さい声になるか、といずれにしても非常に聞きとりにくい声になってしまいます。

 また、舌が緩むと、顔も緩み、緩んだところに脂肪がたまり、唇が分厚くなったり、二重顎になったりします。そのような人は口元全体がだらんと緩むので、覇気がなく、暗く見えてしまいます。

 これらが、舌力不足がもたらす大きな問題です。
 しかし、幸いなことにこれらの問題は、本書の後半で紹

介する舌力アップ訓練を正しく実行すれば、ほとんどが改善します。しかもこの訓練は、子供の頃からやっていれば、特別に意識しなくてもごく当たり前のようにできてしまうほど、実は簡単なことなのです。

ただし、そのためには、舌の筋力をつけることを阻害する、ある大きなハードルを克服できていなくてはなりません。それが、口をポカンと開けたままの、いわゆる「ポカン口」です。

▶ポカン口の弊害──①低位舌

最近の子供たちを見ると、私が子供だった時代より、口を開きっぱなしにしている「ポカン口」の子がとても多くなったように感じます。食べ物が柔らかくなって、舌や顎をちゃんと使わなくなってきたからではないかと考えていますが、周りの大人たちが、あまり子供に注意しなくなったということもあるかもしれません。

どちらにせよ、「ポカン口」の人は、舌力をつける以前の段階で、決定的な問題を抱えていますので、すべての大人が、わが子だけでなく他人のお子さんにも目を向けて、全力をあげて治してほしいのです。

しかし、「なぜポカン口になるのか」「どうしたら治せるか」については、ほとんどの方が知らないようです。実際、滑舌に大きな問題を抱えて私のところに相談にくる人たちのなかには、子供の頃からのポカン口を治せないまま大人になってしまった方が、かなりの確率でいらっしゃいます。

では、そもそも、なぜポカン口はいけないのでしょうか。その理由はいくつもありますが、第一に、ポカン口の人は、舌が「低位舌」という状態になっていることがあげられます。

　舌というものは本来、口を閉じているときは、先端は上の歯の裏あたりにつき、そのまま喉のすぐ近くまで、全体がペタッと上顎についているのが正しい状態です。しかし、ふだんから口が、うっすらとでも開いてしまっている人は、舌を上顎につけておくことができません。この、舌が下がった状態のことを低位舌というのです。

> 低位舌については、のちほどもう少しくわしく解説しますが、その場合、以下に述べるポカン口の症状と、結果的にほとんど同じ状態に陥ります。ただし、「ポカン口ではないが低位舌」という人も、実はたくさんいます。

　このように、舌を上顎につけておける筋力＝舌力がないと、まず、滑舌が悪くなります。舌を上顎にしっかりつけられない人は、舌を完璧にコントロールできず、自由に動かせなくなるからです。そして、この舌力が足りないと、赤ちゃんのような「舌っ足らず」なしゃべり方になります。大人から見れば、それは「かわいい」と感じられるかもしれませんが、学校では「ぶりっ子」と非難されて、いじめにつながることもあります。

　もう一つ、ポカン口や低位舌の人は、姿勢が悪くなりま

第1章　「ポカン口」は諸悪の根源

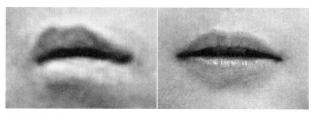

図1-1　ポカン口の例

す。姿勢をいつも注意される子供は、口が開いている確率が高いので大人の方はしっかり注意してあげてください（姿勢が悪くなる理由はのちほど、低位舌のところで説明します）。

　ところが困ったことに、ポカン口の人は、かなりの割合で、自分がポカン口であるという自覚がありません。口が開いていることに気がついていない人が、意外なほど多いのです。しかし、もし唇がしっかりと閉じておらず、うっすらとでも開いていれば、それは間違いなくポカン口なのです（図1-1）。

▶ポカン口の弊害——②口呼吸

　口が開いているということは、それは「口呼吸」をしているということです。これもポカン口の大きな弊害です。

　人は1日におよそ2万回も呼吸をするそうです。ということは、たとえ自分では「空気は鼻から吸っている、口からは吸っていない」と思っていても、うっすらとでも口が

23

開いていれば、そこから空気が入り込み、「×2万回」で、相当な量の空気がダイレクトに口から入っていることになるのです。つまり、少しでも口が開いている人は、気がつかないうちに口呼吸になっているわけです。

朝起きたとき、喉がイガイガする、口が乾きやすい……といった自覚がある方は、ご自身が口を半開きにしていないか、周りの人に確認してみてください。お子さんの場合は、大人が気をつけて見てあげてください。

「口呼吸」の最大の問題は、風邪などをひきやすくなることです。口から直接空気を取り込むので、雑菌が喉につきやすくなるからです。乾燥したままの空気が喉を直撃するのですから、当たり前ですよね。また、扁桃腺がつねに雑菌と戦っているので、疲弊して腫れやすくなります。扁桃腺が腫れやすい人は、「体質」と片づけたり、すぐに手術を考えたりする前に、自分は口呼吸をしていないか、疑ってみることが大切です。

ちなみに口呼吸の人は、扁桃腺で戦った雑菌の死骸がたまって、非常に臭い「匂い玉」を吐き出すこともあるそうです。そんなものを口の奥にため込んでおくなんて、ぞっとしますね。

臭いつながりでもう一つ、「舌苔(ぜったい)」にも触れておきましょう。舌苔とは、舌の表面に細菌や食べ物のカスなどが苔のようにこびりついているものです。舌の色が変に白い人は、舌苔がついていると思われます。

舌がつねに上顎についていれば、表面はこすれて舌苔がつきにくくなります。しかし、ポカン口や低位舌だと、舌

はつねに下がっていますから上顎にこすれず、どうしても舌苔がつきやすくなります。しかも、その状態で口呼吸をしていると、舌が乾燥するので舌苔は舌にこびりつき、ますます取れにくくなります。それが口臭の原因になるのです。

　最近、若い人たちの間では、口臭を気にして口臭の専門外来に通う方も増えているそうです。実は口臭は、舌苔のほかに、唾液が減ることによっても起こります。唾液には殺菌効果があるのですが、唾液が減ると、口内に雑菌が繁殖しやすくなるからです。そこで病院では、唾液腺を刺激して唾液の分泌量を増やすよう指導したりしているそうです。しかし、口呼吸をしている場合は、刺激によって一瞬は唾液が出ても、口が開けっぱなしなわけですからすぐに乾いてしまいます。このように口臭も、口呼吸が原因であることが多いのです。

　しかも唾液の乾燥による雑菌の増殖は、口臭だけでなく、歯茎の腫れ、歯槽膿漏、虫歯などの原因になることもあります。

　また、口呼吸によって乾燥するのは、口内だけではありません。喉全体も乾燥します。すると、線毛の働きが鈍くなり、風邪をひきやすくなります。さらには、アレルギー体質になりやすいことも最近、わかってきたそうです。

　口を閉じて、きちんと鼻呼吸をしてさえいれば、口が乾かないだけでなく、鼻の中の粘膜が雑菌を吸着して捨て去ってくれますし、適度に湿度を保った空気を送り込んでくれます。ちなみに鼻は1日に1〜1.5リットルもの鼻水を

出して、粘膜を潤しつづけているそうです。つまり鼻は「加湿器機能付き空気清浄機」なのです。人間の体はよくできていますよね。

医学の世界でも当然、口呼吸は昔から問題視されています。近年、「幼稚園で子供たちに舌の運動をさせたらインフルエンザにかかりにくくなった」という話をみなさんも聞いたことがあると思いますが、これも舌の筋力を全体的につけることでポカン口・口呼吸の子が減り、結果、インフルエンザにかかりにくくなったということなのです。

▶ポカン口の弊害──③舌小帯

ポカン口の弊害は、これだけではありません。口を開きっぱなしにして、舌も下げたまま過ごすので、「舌小帯」が切れにくくなります。舌小帯とは、舌の裏側にある筋のことです。

赤ん坊のころは、ほとんどの人は舌小帯が舌の裏側の前方についていて、強く舌を引っ張っています。しかし、普通にものを噛んだり、しゃべったりしていれば、大人になるにしたがって自然に舌との結合部分が切れて、後ろに下がっていきます。それによって、舌が上下前後左右に自由に動くようになってくるのです。

ところが、子供の頃から舌を下げっぱなしにしていては、舌小帯は切れません。したがって大人になっても舌小帯がしっかり残ってしまい、舌の動きを阻害することが多いのです。

なお舌小帯は、乳幼児期におっぱいをうまく飲めない赤

ちゃんは簡単に切ってもらえるそうです。しかし、赤ちゃんのときには問題がない程度だった人でも、その後の舌の鍛え方が足りないと、舌小帯の位置が赤ちゃんのときと変わらず、成長するにつれて不具合がたくさん出てきます。ひどい場合は、食事にさえ支障をきたすそうです。

　もちろん、そこまでいけば、「何か変だ」と気づきますから、手術という選択肢も視野に入ってくるでしょうが、「ストローで水を吸うのがちょっと下手だった」「しゃべり方がいつまでたっても舌っ足らず」程度では、気づかずに見逃してしまうことが多いのです。実際に、私のところには10代〜50代までさまざまな年代の滑舌に問題を抱えた方が来られますが、そのなかには、明らかな舌小帯異常の方や、赤ちゃんのときに切ったものの、その後、再癒着したことに自分では気づいていなかった、という人が結構います。そのぐらい「舌小帯問題」は知られていないし、自分ではほとんど気がつかないことなのです。

　ポカン口の自覚のある方は、一度、ご自身の舌小帯を確認されたほうがいいと思います。確認の方法や実際に切った方たちの経験談などはのちほどお話しします。

▶ポカン口の弊害――④顎の変形

　ポカン口の弊害はほかにもあります。口が開いて舌が下がりっぱなしだと、舌は、下の歯を24時間365日、押しつづけることになります。舌の力を侮ってはいけません。歯医者さんによると「切端咬合（せったんこうごう）」の原因は、高確率で、低位舌がつくりだしてしまった顎の異常である場合が多いのだ

そうです。

　切端咬合とは、「受け口」と同様に、嚙み合わせの異常のことです。両者をあわせて「反対咬合(はんたいこうごう)」といいます。

　受け口は下の歯が上の歯より前に出てしまっている状態で、切端咬合は受け口より程度は緩やかですが、上の歯と下の歯の先端が、ニーッと笑ったときに完全に重なってしまう状態です。

> なお、ポカン口ではない人でも、低位舌であるだけで切端咬合になりやすくなります。

　切端咬合や受け口の人の声は、どうしてもこもって、もやもやと大変聞きとりにくくなります。もちろん、嚙み合わせ異常ですから見た目もよくありませんし、顎関節症にもなりやすくなります。

　しかも、この状態でちょっと嚙み合わせが深い人の場合、下がった舌は、下の歯だけでなく上の歯茎もろとも前に押し出します。つまり、上の歯茎ごと、前に出てしまうのです。

　すると、出っ歯のようになって口が閉じにくくなる、歯茎が目立つ、口が大きく見える、などの問題が生じてきます。大人になるにしたがって、頰の筋肉が発達しすぎて頰骨が高くなり「ほうれい線」が目立つようにもなります。そして、こういう人の滑舌発声も、プロの耳で聞くと、こもったり、早く言えなかったり鼻声だったりと問題山積に聞こえるのです。

第1章 「ポカン口」は諸悪の根源

　いかがでしょうか？　ポカン口をそのまま放っておくと、本当に怖いということがわかっていただけましたか？
　ポカン口の人は、もさっとした覇気のない声になる確率がとても高くなります。そのような声では、子供時代からいろいろな場面で苦労するでしょう。当然、大人になって声優やアナウンサーをめざそうとすると大変な困難をともないますし、普通のビジネスマンとしても滑舌が悪く覇気がなければ、「あの人の話は聞きとりにくい」と印象が悪くなり、仕事に支障をきたします。もちろん就職のときも、なにかと不利になることもあるでしょう。
　また、ポカン口のまま大人になると、次第に唇が分厚くなり、口角が垂れていわゆる「不平不満顔」（図1-2）になったり、猫背やスマホ首、肩こり、体のゆがみ、イビキ、果ては睡眠時無呼吸症候群へつながったりしていきます。しかも、年をとればとるほど、治すのは大変になります。
　ですから、気がついたら、一刻も早く治さなければなら

図1-2
不平不満顔の口

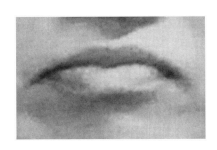

ないのです。
　子供の場合は、ふだんから「ほら、口を開けない！」と、周りの大人が注意してあげることも必要です。でも、そうなってしまった原因は必ずあるはずですから、原因を知って対策をとることが何より重要です。
　その方法をお話しする前に、ポカン口の弊害の最初にあげた低位舌について、次章でもう少しくわしく説明します。低位舌は、ポカン口だけを原因とするものではありませんが、ポカン口と同様の、非常に多くの問題を引き起こす状態だからです。

第2章

「低位舌」と「前位舌」

▶あなたは低位舌かをチェックしよう

第1章で説明したとおり、ポカン口の人は、みな低位舌になっているのですが、「口は閉じていても低位舌」という人も、かなりたくさんいます。

では、ご自身が低位舌なのかどうか、実際に試してみましょう。

まず、あまり体に力を入れず、口を閉じてください。このとき、口を横に引っ張らないようにしましょう。横幅はなるべく狭めに、鼻の幅ぐらいにしてください。わからない方は、いったん「おちょぼ口」にしてみましょう（図2-1）。

また、奥歯はあまり噛みしめないように。奥歯の噛み合わせは、紙を軽く4つに折りたたんだものが間に挟めるぐらいの、ふわっとした感じが理想です。これはふだんから言えることで、強く噛みしめすぎると、えらが張ったり、肩こり、口内骨隆起、顎関節症などを引き起こしたりしま

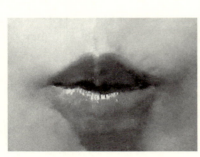

図2-1
鼻の幅に狭めた口

第 2 章 「低位舌」と「前位舌」

すから、気をつけるようにしましょう（舌に歯型がくっきりつくのは、噛みしめ癖があるか低位舌である可能性が高いです）。

口を閉じ、奥歯を軽く噛み合わせていれば、当然、口の中で舌は歯の外には出ません。

では、その状態で、あなたの舌は上顎と下顎、どちらについているでしょうか？

舌の先端が、「上の前歯の裏〜歯茎の境目あたり」についていて、それより後ろの舌は「すべて上歯茎に張りついている」という人は、舌の状態は正常です（図2‐2）。ただし、舌がいちばん奥の歯のあたりまで、しっかりと上顎についていることが必要です。

舌の筋力がない人は、口を閉じたときでも、舌の先端は下の歯につき、その後ろは下顎に下がってきているはずです。この状態が低位舌です（図2‐3）。

図2-2
正常な舌の状態
舌が前から後ろまで、しっかり上顎についている

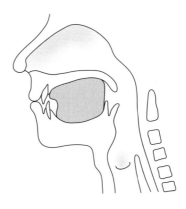

> 舌の前方が上顎にも下顎にもついているという人は、「ディープバイト」の可能性があります。ディープバイトについては第3章で説明します。

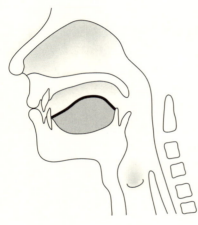

図2-3
低位舌
舌が全体に下顎まで落ちている

▶低位舌が引き起こすこれだけの問題

　低位舌の状態だと、舌は下顎の中に落ち、自身の重みでつぶれて前後左右に広がります。そのようにだらけてしまっていれば当然、舌はでっぷりと太ります。

　舌が横に広がれば、舌に歯型がつきますし、物理的に舌を噛みやすくなります。前にだらっと伸びれば、舌が下の歯をずっと押し続けますから、切端咬合や受け口などの反

対咬合をつくりだします。さらに嚙み合わせが深い人の場合は、下の歯だけでなく上の歯茎もろとも前に押し出してしまいますから、横から見ると、口が前に出ているような顔になってしまいます。

> やたら口の大きさが目立つ人も、実は骨格の問題ではなく、低位舌とディープバイトが原因で上の歯茎が出てしまっている場合がかなりの確率であります。その場合は、新しいタイプの矯正（→第５章）によってある程度治すことができますが、子供の頃から舌の筋力をつけていれば矯正すら必要ありません。

　また、子供の頃から舌が上顎に張りついていない生活を続けていると、上顎の幅が広がりません。すると、大人の歯に生え替わる頃には、大人の歯が上顎に収まりきらず出っ歯になったり、ガタガタの歯並びになったりすることもあります。そして、下の前歯は上の歯より内側に入ることが普通なので、上の歯茎が狭くなると、当然、下の歯茎も広がりません。すると下の歯並びも悪くなります。

　ほかにも、舌が上顎についていないために舌苔が取れにくくなり、舌小帯も切れにくくなります。そして、だだっ広くなった舌ではバタバタとした動きになって早くしゃべれませんし、舌で呼気を狭くして口の外に勢いよく出すということができませんから、声も通りません。とまあ、ポカン口の弊害と、ほとんど同じことが起こります。

　何よりの問題は、口呼吸・ポカン口の人がせっかくそれ

を治しても、低位舌の状態では、舌とともに顎も下がるので、すぐに元に戻ってしまうことです。したがって医学界でもいま、低位舌については大いに注目しているようです。

▶「前位舌」を治さなければ問題は解決しない

　ただ、残念ながら低位舌については、一般の人たちにはまだ中途半端にしか認識されていないという実態があります。

　私はブルーバックスの前著（『「魅せる声」のつくり方』）でこう書きました。

「舌の先端が、上の歯の裏あたりにつき、舌が上顎の真ん中あたりまでついていると「自分は大丈夫」と安心してしまう人が多いのですが、それでは、まだまだ、舌は筋力不足です。本当に舌の筋力のある人は、舌の先端は、上の前歯の裏あたりにつき、そのまま、いちばん奥の歯、もしくは親知らずのあたりまで上顎にはりつけることができるのです」

　そう、舌がいちばん後ろまで上がっていない状態だと、舌が前や横に流れて、広がってしまいます。この状態のことを、私は独自に「前位舌」（図2-4）と命名して、注意を喚起しました。

　実は、私の本を読んでレッスンに来てくださった方のうち、かなりの割合の方が、「ちゃんと舌は全部、上顎についている」と本人は思い込んでいたにもかかわらず、後ろのほうはついていなかったという現実があります。舌力が

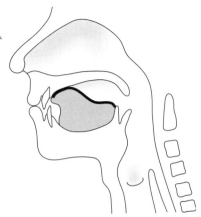

図2-4
前位舌
舌の後方が上顎についていない

足りない人は、そのくらい、自分の舌を後ろまできちんと「感じとる」ことができないのです。

たしかに、前方だけでも舌が上顎につけば、少なくともポカン口はある程度、改善されてきます。ですからそれで、低位舌は治ったと感じてしまいがちなのですが、それだけではまだ本当の意味での舌力が足りないので、根本的な問題解決にはなりません。舌を後ろまでちゃんと上げる力がないと、結局は、「ふと気がついたら、舌が下がって口も開いていた」ということになるのです。

▶前位舌が治れば姿勢がよくなる！

なお、私が舌に着目したのは、「滑舌が悪い人の原因のほとんどが舌にある」と気がついたからなのですが、実は、以前はバラバラに考えていた諸問題も、前位舌を治す

ことでほぼ解決するということが、最近の取り組みの中ではっきりしてきました。

たとえば、「体に力が入って喉声になってしまう」「腹式呼吸がうまくできない」などの発声に問題がある人でも、舌の後ろが上顎につかないという前位舌の状態から脱却すれば、びっくりするぐらい改善されます。

なぜ、そのようなことが起こるのか。それは、舌を鍛え、舌の後ろまでしっかり上顎に持ち上げる筋力がつくと、顔や首、インナーマッスルなど、いろいろな筋肉が連動して体の芯がぐっと持ち上がり、必然的に姿勢がよくなるからです。姿勢がよくなれば、当然、発声は改善されます。

ちなみに前著を書いた頃の私は、体が硬く、力が入りすぎて喉声になってしまう人には、脱力のレッスンをし、それでもどうしても治らない人には「アレクサンダー・テクニック」などの身体調整方法を習ったほうがいい、などとアドバイスを送っていました。なぜなら、これらの問題は、結局は姿勢の悪さからくるものなので、姿勢が悪くなる根本原因を治してもらうしかないと思っていたからです。

しかしいまでは、脱力のレッスンすら、ほとんどしていません。そのぐらい、ほとんどの人が前位舌を治すことで姿勢がよくなり、姿勢がよくなることで無駄な力が抜け、喉声などの発声が改善されるからです。

▶前位舌は首の骨を変形させる

　舌が後ろまで上顎にべったりつくようになると、自然に首にパワーが入り、前のめりの姿勢が改善されます。

　試しに、次のような実験をやってみましょう。まず、軽く姿勢を正して、口幅は鼻の幅ぐらいに狭めた状態（図2-5）で、舌をぐっと上顎にはりつけてください。ちゃんといちばん奥の歯のあたりまでつけるように意識してくださいね。そのまま、本やスマホを机の上に置いて、画面を見てください。ある程度、姿勢を保ったままで、なおかつ舌も後ろまで上顎にしっかりついていれば、頭はある程度以上は下がらず、力を入れて無理に下げようとすると、首が痛かったり、息が苦しくなったりするはずです（頭が楽にどこまでも下がっちゃう……という人は、本人に自覚がなくても、実は「舌が後ろまでついていない」という人です）。

　次に、その正しい姿勢のまま舌の力を抜いて、舌をダラ

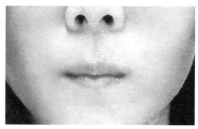

図2-5
口の幅は鼻の幅くらいに狭める

ンと下げてみましょう。あえてポカン口のようにするのです。その状態で頭を下げてスマホを見てください。今度は、何の力を入れなくても、頭がびっくりするほどガクンと下がりますよね。

　舌による支えがなくなると、このように頭が垂れてしまうのです。そして、この状態でものを見るのが当たり前になってしまうと、だんだん、首の骨が変形していきます。これが「ストレートネック」あるいは「スマホ首」などといわれている状態です。

　頭が落ちれば首も曲がりますから、当然、喉が締めつけられ、声も出にくくなります。それでも無理に出そうとすれば、喉声が悪化します。また、姿勢が悪いと、呼吸も浅くなりますから、大きく、しっかり通る声が出にくくなります。

　だからこそ、発声の前には必ず姿勢を正せというのです。実際、元気にはきはきしゃべる人は姿勢もよく、ぼそぼそ小さい声でしゃべる人は猫背気味、という印象がありますよね。そうなる理由は、結局、舌力の有無なのです。

　ところで、頭はボーリングの玉ぐらいの重さがあるそうです。舌が下がって頭も下がるということは、そんな重さを首で支えなければならなくなるということです。当然、肩こり、首痛（首を前後に倒すと痛い）、頭痛も起きやすくなります。

　また、ストレートネック、スマホ首を放っておくと、自律神経が不調になり、めまい、手足のしびれ、吐き気などを起こす原因となります。最悪の場合、自律神経鬱になる

と指摘する医師もいるほどです。

　ともあれ、舌力がついて、舌がつねに上顎にしっかりつくようになれば、自然に姿勢がよくなります。

　姿勢といえば、こんなことも。TVのディレクターをしている人の話です。仕事柄、インタビューをしたり、取材した映像を編集したりするわけですが、「映りこんだ自分の横向きの姿を見るたび、姿勢の悪さに辟易していた」そうです。ところが、この人は舌の裏の筋である舌小帯（舌が上がらない原因の一つ）を切って、舌が後ろまでしっかり上顎にはりつくようになったら、「映っている自分の姿勢がよくなっていて驚いた」というのです。そのくらい、舌が姿勢に与える影響は大きいということです。

> これは若い人たちだけの問題ではありません。健康なお年寄りって、よくしゃべって背筋もしゃんとしている人が多いと思いませんか？　舌の筋力をアップさせれば、お年寄りにとっても健康余命を伸ばすことが大いに期待できるのです。

▶前位舌を治すと運動能力も向上した！

　前位舌によって問題が起きるのは、声や姿勢だけではありません。

　舌が下がると、体のバランスも崩れ、動きがぐにゃぐにゃと左右にぶれるようになります。なんとなく体の芯が通ってないような、不思議な動きをする人をときどき見かけ

ますが、そういう人は舌の筋力がなく低位舌あるいは前位舌になっているはずですし、さらには運動能力も劣っている可能性があります。実際、「低位舌になると全身の筋力が低下する」と警告している医師もいます。すでに「舌圧測定器」というものも開発されていて、それを健康管理に利用している医師もいるそうです。反対に、舌力がつけば、姿勢がよくなるので体のバランスが整います。

　やはり私の生徒さんの話ですが、「歩くとき揺れてるよ」といつも注意されていた人がいました。本人はずっと、股関節がゆがんでいるのかと思い込んでいたそうですが、舌の筋トレをして、舌が上顎に全部ぴたっとつくようになったら、まったく揺れずにまっすぐ歩けるようになったというのです。同様に、舌の筋トレ後は、高い靴を履いてもふらふらしなくなったという方もいました。

　ほかにも、ひどい運動音痴で、片足を上げて靴下を履くこともできなかったという生徒さんがいらっしゃったのですが、その方が「舌の訓練をしていたら、最近、片足で立てるようになった。舌の筋トレ以外にとくに何かをしたわけではないのに……」と、以下のような喜びの報告をしてくれました。

「昔からボールは前に投げられないし、スキーをやってもお尻から転がっていたので、自分は運動音痴なんだと思い込んでいましたが、舌の訓練をしてから、スキーもできるようになり、ボールも、ちゃんと前に投げられるようになりました」

　この方も、舌が下がって首が下がり、重心がぶれていた

第2章 「低位舌」と「前位舌」

のです。だからこそ、片足立ちもできないし、スポーツも思うようにいかなかったのですが、舌の筋トレだけでこんなにも身体能力が上がりました。

ぶれにくい体をつくるためインナーマッスルを鍛えるというのは、いまやスポーツ界でも常識になっていることです。たとえば、箱根駅伝で一躍トップに上りつめた青山学院大学も、学生たちにインナーマッスルを鍛えさせたと聞いています。しかし、いくらインナーマッスルを鍛えようと頑張っても、舌がゆるゆるでは訓練の効果は薄いということです。ですから、まずは舌の位置を意識して、舌力アップを考えていただきたいのです。

もちろん、舌力アップの効果は、陸上だけにはとどまりません。たとえば野球でも、舌が下がって軸がぶれると、正しい位置でボールを捕まえにくくなりますから、バッティングでは凡打になりやすいでしょうし、捕球でもエラーが出やすくなるはずです。

ほかにも、重心が大事なヨガ・ダンス、またぴたっと動かないで目標を定める競技であるライフルや弓道などなどにも、舌の筋トレ効果があったという報告もいただいています。

ヨガでは「両脚で下へ入れる力と同じ分だけ、舌を上顎につけて上向きの力を入れるように」と指導され

るそうです。しかし、ヨガを習っていた私の生徒さんは長らく「舌に両脚とつりあうほどの力があるのか?」と半信半疑でした。実はこの方も、子供の頃はポカン口で、舌小帯が残っていたのです。そこで、舌小帯を切る簡単な手術をしたところ、手術の翌日に行ったヨガ教室では「舌を意識しやすくなり、体のぐらつきが少なくなり、体の縦軸(芯)が太くなったように感じた」そうです。舌小帯を切って舌が後ろまでしっかり上がるようになり、体のバランスが整ったからこそでしょう。それにしても、手術翌日にこれだけの変化があったというのは、私自身もちょっと驚きでした。

　また、趣味でエアライフルを始めていた男性も、舌小帯が強くて、舌が後ろまで上げられない人でしたが、舌小帯の手術後、舌が後ろまですっと上がるようになり、エアライフルの練習でも、以下のようにかなりの効果を感じたそうです。

「舌小帯を切るまでは、止まっている目標への命中率が70％足らずで、なかなか上のクラスに行けなかったのに、舌小帯の手術後、命中率が100％になって動く的を狙うクラスに上がれ、そのクラスでも好成績で、このままいけばその上のクラスにもすぐ上がれそうです」

　このように舌力アップは、さまざまなスポーツにもよい効果を生み出します。ですから、子供たちにスポーツを教えている指導者にも、プロスポーツのコーチにも、ぜひ知っておいていただきたいところなのです。

　なお、舌小帯は第１章で述べたとおり本来、大人になっ

たら自然に切れていくものです。しかし、切れずに残っていると舌を上に上げきれませんから、ポカン口、低位舌・前位舌になってしまうことが多々あります。すると、ここまで説明したように、スポーツへの影響は思った以上に大きなものになってしまいます。舌小帯が残っているか気になる方は、第4章でしっかりチェックしてくださいね。

▶健康に直結する「腹式呼吸」も舌力から

　舌力をつける効能はまだまだあります。

　舌をしっかり上顎につけると、体の芯すなわちインナーマッスルが引き上がりますが、これは「横隔膜」にパワーが入ることにつながります。横隔膜とは、肺と、胃や腸などの内臓を隔てている筋肉で、腹式呼吸をするときに使います。横隔膜をおなかのほう（おへそより下をイメージします）へ下げることによって肺に空気を入れ、上げることによって肺の空気を吐き出す呼吸法が腹式呼吸です。

　とはいえ、「横隔膜を意識して上げ下げする」というのは大変難しく、なかなかできるものではありません。意識するあまり、息を吸うときと吐くときが逆になってしまっている人もかなりの数に上ります。そこで、古くから、「おなかを膨らませて息を吸い、ペタンコにして吐く」と、いわばイメージ戦略で腹式呼吸の方法が説明されているわけです。

> 腹式呼吸のしくみは『「魅せる声」のつくり方』にくわしく書きましたので本書では省略しますが、舌を意識すれば簡単にできる、自然な腹式呼吸のやり方は第6章で説明します。

　腹式呼吸をすれば、深くたくさん空気を吸えますから、酸素が十分、体内に取り込まれます。結果として、筋肉や脳にも酸素がいきわたり、運動能力や知的活動の効率がよくなり、基礎代謝も上がることになります。

　事実、舌が上顎にはりつくようになった人からは、「呼吸がなんとなく楽になった」「姿勢がよくなり、腹筋がいつも以上に使われているのを感じる」という報告をもらいました。実際には腹筋というより、インナーマッスルの横隔膜や「腹横筋」にパワーが入り、姿勢がよくなるのですが、これらに力が入れば、当然、腹筋にもパワーが入ります。どちらにせよ、姿勢がよくなるだけで、おなか周辺の筋肉が自然に使われるのです。

　これによって、ちょっとした運動と同じ効果も期待できます。つまり腹式呼吸を続けていれば、「ちりも積もれば」で、ダイエット効果も期待できるというわけです。

　ほかにも、横隔膜が動きやすくなると、必然的に内臓も動きやすくなります。その結果、内臓の疲労回復につながり、夏バテしにくい体になるという医師も。これには、「たしかに私は夏バテなどしたことがない」とおおいに納得しました（笑）。

逆に、正しい腹式呼吸ができず、胸式呼吸や肩式呼吸になっている人は、呼吸が浅くなりますから、体内に取り込まれる酸素量が少なくなります。すると血流が悪くなり、当然のように、肥満、肩こり、頭痛、めまい、肌荒れなど、いろいろな問題が起こりやすくなるというわけです。また、低位舌を放置していると、むせやすくなり、ひどい場合は、嚥下障害を起こします。嚥下障害は誤飲性肺炎の原因になります。

このように、舌力が衰えると呼吸にも支障をきたし、さまざまな問題が起こってきます。言い換えれば、子供の頃から当たり前に舌が使えていれば、大人になってこのような症状に悩まされることが少なくなるということです。だからこそ、たかが舌と侮らず、子供の頃からもっと舌について意識してほしいのです。

▶「イビキ」「無呼吸症候群」の改善も

低位舌・前位舌と健康との関連で、どうしても書いておかなければならないのが、イビキや睡眠時無呼吸症候群の問題です。

イビキは人に迷惑をかけるだけでなく、自分自身の健康寿命に直接、悪影響を与えます。なぜなら、イビキは放置していると、睡眠時無呼吸症候群につながる可能性が高いからです。

ポカン口や低位舌（前位舌を含む）の人は、イビキをかきやすいといわれています。舌を上顎に後ろまでしっかりはりつけておくことができないので、あおむけに寝たと

き、舌が重力に負けて喉のほうに流れ落ち、正常な呼吸を阻害してしまうからです（図2-6）。これがイビキや無呼吸症候群を引き起こす大きな要因です。

なお、顎が小さい、あるいは短いタイプの人も、無呼吸症候群になりやすいといわれています。顎が小さいと口の中も狭くなり、その分、舌が収まりきらなくなって、寝ているときに喉のほうに落ちやすくなるからです。

実は、そういう顔の形になるのは、鼻の問題に起因するポカン口や低位舌が原因ということがあるのです。なぜそうなるかは第3章で説明しますが、鼻に問題があってポカン口・低位舌になった人は、まず間違いなく、いまも舌力は不足しているはずです。

ですから、「顎が短くて、無呼吸症候群になっている」と診断された方も、下顎が小さいからとあきらめずに、舌力アップをぜひ、頑張っていただきたいと思います。

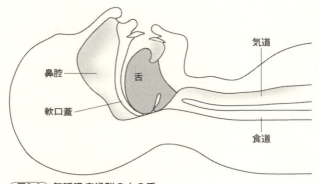

図2-6　無呼吸症候群の人の舌

ところで、無呼吸症候群については、「太った人や、年齢のいった男の人がなるものでしょ」と、自分とは関係なく思ってしまう方が多いようです。しかし、実はやせている人にも意外に多いのです。実際、とてもスレンダーな女性なのに無呼吸症候群になってしまった方がいます。この方はふだん、「口呼吸は意識して治していたけれど、寝ているときは確実に口を開けていた」「イビキの自覚もときどきあったけれど、お酒を飲んだり、疲れたりしていたからかなと、それほど気にしていなかった」という程度の意識しかなかったそうです。しかしあるとき、自分のイビキで目が覚め、びっくりして病院へ駆け込み計測してもらったところ、睡眠中に息をしていない時間がかなりあることがわかったのです。

　無呼吸症候群による低酸素状態が続くと、脳に悪影響が及びます。一説によると、認知症のリスクが２倍になるとのことです。また、この女性は医者から「無呼吸症候群になると、酸素を体に取り入れにくくなるので、緑内障・白内障になる可能性もある」と脅かされたそうです。本当に怖いですね。

　無呼吸症候群の治療法として、その女性はまず、マウスピースを歯医者でつくるように指導されました。寝ているときに下顎を少し前に出すためのマウスピースで、これによって睡眠時の気道を広げ、無呼吸になるのを防ぐというのです（もっと悪化した場合は酸素吸入マスクをするなどの対症療法が一般的ですが、この女性の場合はそこまでひどくなかったのでマウスピースで何とかなるだろうという

判断だったようです)。

　そこで、紹介された歯医者を受診したところ、その歯医者から、「発声練習をするといいですよ」と言われたのだそうです。

　そう、歯科医の世界でも、発声練習などで舌を動かせば無呼吸症候群の改善につながると認識されているのです。

　彼女は「なぜ発声？」とびっくりしながらも、私の「発声滑舌セミナー」にやってきてくれました。

　しかし、驚くのはここからです。実はこの女性、なんと中堅どころの女性アナウンサーだったのです！　当然、練習どころか、毎日人並み以上にしゃべっている、発声のプロです。そんな方がなぜ無呼吸症候群になり、発声練習を勧められることになったのか……。まさに歯医者さんも「想定外」の症例だったのです。

　さて、医者を差し置いて、こんなことを言うのは気が引けますが、無呼吸症候群の改善にあたっては、舌は動かせばいいというものではない、と私は考えています。

　舌には7つの筋肉があり、「すばやく滑舌よくしゃべる」ときと「ゆっくり1音ずつしゃべる」ときでは、おもに使う筋肉が、微妙に違います。私が指導しているのは、「すばやく滑舌よく」しゃべるための筋肉を鍛える方法です。

　しかしアナウンサーの場合は、ゆっくり丁寧にしゃべるタイプの人もいて、彼女はそのゆっくりタイプのアナウンサーでした。つまり、早さやキレを必要としないしゃべり方では、毎日しゃべっていても無呼吸症候群になる可能性がある……ということです。このことからも、ただ発声練

習をすればいいというものではないということがおわかりいただけると思います。

私があえて「舌力」という言葉をつくりだしたのも、ただ舌の筋力を鍛えればよいのではなく、すばやく滑舌よくしゃべるための筋力＝「舌が前から後ろまでしっかり上がり、その幅も狭められる筋力」がとても重要だということを、わかっていただきたいからなのです。

ちなみに、この女性は、若いときに歯列矯正をしたのですが、歯並びを直しただけで、歯並びが悪くなった原因についての指導はなかったそうです。しかし、前述のように、子供の頃からポカン口・低位舌だと、上顎が広がらず歯がガタガタに生えてきたり、下がった舌が下の歯を押して受け口や切端咬合になったりと、歯並び・嚙み合わせの悪さにも大いにかかわってきます。それが早くからわかっていれば、舌を鍛えようという気持ちになったでしょうが、残念ながら何も指摘されなかったので、私と出会った頃はポカン口や低位舌はまだ治っていなかったのです。

そこで私のところでレッスンを受けることになってすぐ、舌がどこまで上げられるかテストしてみました。すると、口を閉じたとき、舌の先だけが上の歯の裏にかろうじてつくという程度でした。当然というべきか、「サ行」や「シャシュショ」はずっと言いにくさを感じていたそうです。ただし本人

も、そこは相当に意識して、ゆったりと丁寧にしゃべっていたので、むしろ「優しくゆったりしたしゃべりをするアナウンサー」として認知され、仕事に差し障るほどの大きな問題にはなっていませんでした。

　しかし実際問題として、舌の先端しか上がらない状態では、舌の筋力が足りていないのでポカン口や口呼吸は完全には治りません。その結果として、寝るときは舌が喉に落ち込み無呼吸症候群になってしまったわけです。

　このままでは、歯医者が勧める発声練習をいくらしたところで、何の役にも立ちません。そこで、この方には、舌の筋トレを始める前に、舌小帯を切る手術を受けてもらいました。医学的には切る必要があるか、かなり微妙なラインで、病院によっては断られる可能性もあるとは思いました。しかし、この方の場合はしゃべりのプロということもあり、決行したほうが絶対に本人のためになるだろうと思い、滑舌問題などに理解がある先生を紹介したのです。

　結果は思ったとおり、2針縫う程度の軽い手術でしたが(その先生は比較的重い状態の方でも4針程度で治してしまいます)、本人によると、効果はすぐに感じられたそうです。「術後すぐに舌の前後の可動域が広くなった」ことを感じ、「舌が上顎に全部つくようになったので口の中が乾かなくなったし、睡眠が深くなったせいか目覚めもいい。無呼吸症候群の直接の原因が取り除かれたと実感しています！　また、肩こりもなくなったし、声も前に出やすく、滑舌も繊細な部分から根本まで全然違います」と、喜びの報告が届きました。

舌小帯の問題は、無呼吸症候群とは一見、何の関係もなく思われがちですが、結局、このように「舌」というキーワードですべてがつながってくるのです。

ただ、舌小帯を切ってくれるような口腔外科的な歯科医の多くは、舌小帯と無呼吸症候群との因果関係は、あまり気にしていないようです。逆もまたしかりで、無呼吸症候群用のマウスピースをつくっている歯科医も、舌小帯との関係をあまり大きくは考えていないようです。

実は私、無呼吸症候群に取り組む歯科医から、「高齢者と無呼吸症候群の方に舌の運動をするよう指導しているのですが、なかなか効果が出ないので一度、舌の訓練のしかたを学びたい」と相談を受けたことがあります。たぶん、現在歯科医で指導している舌の訓練は、低位舌を改善する訓練と同じなのだろうと思われますが、低位舌を治しても、「舌の後方」の筋力不足である前位舌が治らなければ、無呼吸症候群は改善しないのです。

つまり、効果があまり出ない理由は、舌の前方だけを意識した訓練になっているか、そもそも舌小帯が強すぎて、舌の後ろを上げられない状態だからではないかと考えられるのです。

ともあれ、歯科医の世界でも、睡眠外来の世界でも、無呼吸症候群は悩み多き問題であると思われます。

> 私もご協力できることはしていきたいと思っていますので、気になる先生は、ぜひお声かけいただければと思います。

▶前位舌を治せば「小顔」「小さい唇」「しわ予防」も!

「レッスンを始めてから、体重は変わらないのに"やせた？"とよく聞かれるようになりました」
「顎のラインがシュッとしてきました！」
「みんなに、口の形が変わったと言われました」
「ほうれい線が、薄くなってきたような気がします」
「首にくっきり出ていた横線が、少し取れてきました」
「たらこ唇がだいぶ薄くなってきました」

まるで、怪しげな化粧品やサプリのCMのようですが、これは本当に、私の生徒さんたちからもらった言葉です。

舌の筋トレには、こんなうれしい、「おまけ」がついてくるのです。いったいなぜこんなことが起こるのでしょうか。

①二重顎

舌を正しい状態で上げると、顎下の筋肉はダイレクトに引き上がります。当然、贅肉はつきようもありません。最近、体はスレンダーなのに、顎の下にお肉がついている若い人が増えた気がしますが、若い方でしたら2〜3週間も舌の筋トレを頑張れば、二重顎はだいぶすっきりしてきます。中高年の方でも、2〜3ヵ月後には、「やせた？」「顔がすっきりしたね」と言われる人が続出しています。実際、40代半ばの女性アナウンサーが、喉声が治らないということで私のレッスンを受けられたのですが、久しぶりに会ったら、喉声はもちろん、顎回りのお肉が取れて顔が一回り小さくなっていました。見た目も10歳以上若返り、あ

まりにきれいになったので、ダイエットをしたのかと尋ねたところ、「体重はまったく変わりません。さなえさんの筋トレだけで顔がほっそりしたんです」とのことでした。40代からでも、本気で頑張ればそれだけの効果があるということです。

　ただ、私が比較的最近思いついた訓練方法は、二重顎に関しては、もっと早くにかなりの効果が出ます。ですから、年齢がある程度いった方でも、いままで私が提唱していた訓練よりも、早く変化が現れると思います。実は、効果のすごさに私自身が驚いているぐらいなのです。そのストロートレーニングは、第6章に掲載しています。

②シワ予防

　鼻から上は美人なのに、口元だけがなんだかシワっぽく、老けて見えていた女性タレントさんがいました。ところが、1年後に宣材用に撮り直した写真は、「整形でもした？」と言われるぐらい口元がきれいになっていました。これも、舌の筋トレをした、おまけの成果です。

　舌が上がるようになれば、顔全体の筋肉も引き上げられます。365日24時間、上がりっぱなしの人と下がりっぱなしの人では、顔全体の筋力の差が生じるのはあたりまえですよね。顔全体の筋肉が引き上げられれば、当然、ほうれい線やシワも出にくくなるわけです。

　また、ときどき顔の筋肉が溶けたように、ぬるっと垂れた人がいますが、そういう人は、たいていポカン口、もしくは低位舌です。

　口角が垂れて、「不平不満顔」（図1－2参照）になって

いる人も同様です。

舌力がついて、顔まわりの筋肉も上がれば、機嫌のいいすっきりした表情になってきます。つまり、舌を鍛えるだけで好感が持たれ、コミュニケーション力も上がるというわけです。

③**曲がった口と体**

本人は意外に気がつきにくいものですが、顔や口が曲がっている、体が曲がっている……というのも、実は舌に由来している可能性がかなりあります。

私自身の話をすると、アナウンサー試験のときに、「しゃべるとき顔が曲がっているね」と指摘されたことがありました。「リ」「キ」の音を出すとき、なんと口が曲がっていたのです。自分ではまったく気づいていませんでしたが、原因は、「側音」でした。側音とは、おもにイ段の音を言うとき、舌の片側を下げ、下げた側へ空気を出して音をつくることをいいます。

私の場合は、右のほっぺた側に呼気を出していました。なぜそんなことになったかというと、子供の頃、右の上の歯に金具がかけてあり、なんとなくそれをよけて舌を下げているうちに、そういう癖がついたのだと思います。

ただ、舌の筋力が初めからもっとあれば、そうならなかった可能性もあります。実は私は、学生の頃は舌小帯の周りに細いひものような筋が何本かありました。ところが仕事を始めると、いつの間にかまったくなくなっていたのです。おそらく側音を治すために、パワーを入れて「舌をまっすぐに使う」ということを意識した結果、舌の後ろにま

で力が伝わって上がるようになり、筋が自然に切れたのだと思います。つまり、舌がパワーアップすることで、うっすら残っていた舌小帯の痕跡も切れてなくなってしまったのです。逆に言うと、もし最初から舌力がしっかりあれば、金具があったぐらいで側音にはならなかったかもしれません。

　なお、特定の音にかぎらず、いつも口が左右に曲がってしまう癖がついている人も意外にいるものです（図2-7）。これは、歯に何らかの問題があり、なおかつ、舌に筋力がないことがおもな原因です。実際、私のレッスンにいらっしゃる発声・滑舌に悩みを抱えている人には、このようにしゃべるときに口が曲がってしまう人が結構いらっしゃいます。そういう方のなかには、まっすぐ立ってもらっても肩が片方だけ下がっていたり、体が全体に曲がっていたりする人がとても多いのです。当然、姿勢も悪く、肩こりも激しく、まっすぐに通る声も出にくくなります。

　こんな方もいました。舌の筋力不足で舌の片側だけが下がり、声の出も悪く、滑舌も芳しくなかったのでレッスン

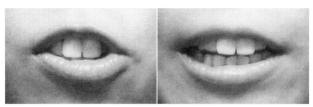

図2-7　しゃべるとき、左右に曲がる口

に通ってきてくれていたのですが、腰痛や肩こりにも悩んでいて、整体にずっと通っていたそうです。その整体師からは「足の長さが違うからねえ」とも指摘され、症状はなかなか改善しなかったようなのです。ところが、舌の筋トレを1年も続けた頃、きょとんとした顔で、「そういえば、いつの間にか、整体に通わなくても大丈夫になりました」と言ってきました。これは、舌に筋力がついたことで、舌の左右のバランスの悪さが解消されて、体がまっすぐになったためと考えられます。

　もちろん、体が曲がる理由には、いつも右を向いてテレビを見ている、荷物はいつも左肩にかける、などの生活習慣も関係しますから、100％、舌の筋力不足が原因とは言い切れません。それでも、舌が原因となっている口や体の曲がりが実際にあることも、間違いありません。「そういえば自分は体が曲がっている、口元が曲がっている」と感じたら、まずは舌力アップを試してみてくださいね。

④首の横ジワ

　この章のはじめに書いたように、舌が下がると、頭が垂れます。頭が垂れれば首が折れますから、首に横ジワが入ります。ストレートネックやスマホ首の状態にまで悪化すれば、年齢とともに悲しいぐらいの深い横ジワが首に刻まれます。若い方も、油断していると人より早く首回りが老けてしまったというぞっとする未来が待っているかもしれません。

　でも安心してください。舌の筋トレを始めてからたった5ヵ月で、横ジワが薄くなったという40代の女性が実際に

いるのです。半年もしないうちにそんなに変わるものかと私のほうが驚いてしまいましたが、舌がしっかり上がるようになれば、効果はこんなにも大きいということです。

⑤四角い口・たらこ唇

「四角い口」とは、下唇が四角くなっている口のことです（図2-8）。これを「悪いこと」と認識している人はあまりいないかと思いますが、実は、下唇が四角い人は、滑舌はあまりよくありません。一般的には気にならないレベルかもしれませんが、どうしても、舌っ足らずのような音が出てしまうので、プロとしてはかなり厳しいということになります。そして見た目も、「なんとなく口元に違和感がある」「ほうれい線が広がって、老け顔に見える」「口を閉じているときの顔はかわいいのにしゃべるとベース型のえらの張った大きな顔に見える」などと感じられることがあるはずです。四角い口は、笑顔でしゃべることを意識しすぎた新人のアナウンサーにも、ときどき見かける形です。

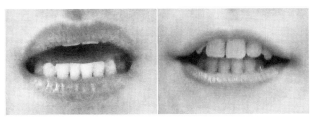

図2-8 下唇が四角くなっている例（左右とも）

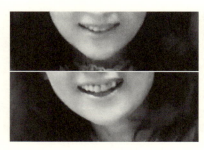

図2-9
下唇が三角になっている例（上下とも）

　実は笑顔のままでも、下唇は三角のままでいられます（図2-9）。舌の後ろのほうの幅が狭くなれば、下唇は自然に三角になるのです。そして、この「舌の後ろの幅を狭くする筋力」も、舌が後方まで上がる筋力がない人には、つかない力です。

　四角い口よりも多くの人が気にしているのは「たらこ唇」（図2-10）でしょう。これを治すのも基本的には、

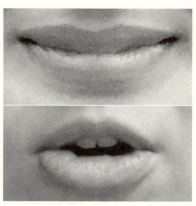

図2-10
唇が厚くなっている例（上下とも）

第2章 「低位舌」と「前位舌」

やはり三角の口をつくるときのように、舌を後ろまでしっかり上げる力と、舌の後ろの幅を狭くする力が必要です。

つまり舌を上にはりつける力がついたら、次に意識するのは「唇の幅を縮める力」を入れてしゃべることなのです。それだけで、舌の後方には、よりパワーがついてきます。すると、唇の余分な肉が取れ、滑舌もよくなります。

図2-11は、同じ人が「ウ」を発音しているときの、2年前と現在を比較した「ビフォーアフター」です。はじめは、顔中の筋肉を使わないと「ウ」の口にならなかったので、かなり唇をとがらす力が入っていますが、現在は自然に縮められるようになりました。唇の厚みも、上下とも薄くなっています。

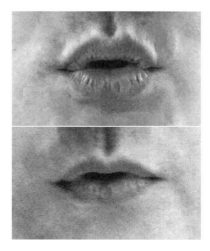

図2-11
「ウ」を発音する口の変化
上：2年前の「ウ」
下：現在の「ウ」

そのため、顔の印象がずいぶん変わりました。実際、初めてお会いしたときは、「顔じゅうが口!?」と思うぐらい口の印象が強かったのですが、いまは「大きなぱっちりとした目の男性」というイメージのほうが強いのです。目の大きさは、口との対比で大きくも小さくも見えるものですからね。

　ところで、この「唇の幅を縮める力」のことを私は「下唇のしわしわ力」と名づけて、拙著『人生が変わる 声の出し方』（すばる舎リンケージ）で初めて発表しました。口唇筋が弱いとシャープな前に飛ぶ音が発声できないので、「唇を縮める力」を鍛える必要があるのですが、「縮める」というと、どうしてもタコ口になったり、ペッタンコな口になってしまう人が後を絶ちませんでした。そこで「唇に縦ジワがたくさん入るような縮め方（図2-12）をするように」という意味を込めて、こんな言葉をつくったわけです。

　なお、この言葉は「下唇」というところがミソです（図2-13）。実は、上唇主導の動かし方では、口はすばやく

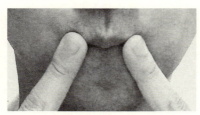

図2-12
（とがらせず、ぺちゃんこにせず）しわしわと小さく縮める

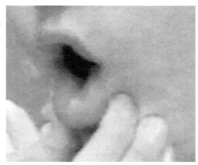

図2-13
下唇を意識してもらうために指で三角につまんでいるところ

動きません。下唇主導で、上唇はそれにともなって動くようにしなければだめなのです。そもそも、上唇主導でしゃべると、鼻の下が伸びたり、巻き込まれたりしておかしな顔になりますから、「見た目」の点でもマイナスです。でも、「下唇のしわしわ力」を意識すると、自然に舌の後方のパワーを感じられるようになり、下唇も三角になって、しゃべっているときの顔が美しく整うのです。

▶日本の美人画はなぜ「おちょぼ口」なのか

ここで、少し余談です。日本人の顔について、ちょっと考察してみたいと思います。

日本の浮世絵で描かれている美人画はみな、「おちょぼ口」ですよね。日本人にとって、口の小ささは「美人」の象徴だったわけですが、それはなぜなのでしょうか。

私はその理由は、その口から発せられる声にあるのではないかと思うのです。たとえば、唇に力が入らず分厚くな

ってしまった人は、舌の筋力もないので、もやっとしたメリハリのない声になってしまいがちです。そういう声は、頭のいいシャープな人、という印象にはあまり結びつきません。しかし、きゅっと引き締まった唇であれば、舌にもきゅっと力が入って、切れのいいよく通る声になります。そんな女性はそれだけで「いい女」に感じられるのではないでしょうか？

　そんなことから、日本語しかしゃべる言葉がなかった時代には「いい女は唇が小さい」というイメージが定着したのではないかな……と想像するのです。

　これに対して、海外——といっても私はいろいろな国の言葉がわかるわけではないので英語圏のアメリカを例にさせてもらいますが、映画女優などでも、下唇の分厚い女性のほうが色っぽくて美人といわれていますよね。日本との違いは骨格などのせいもあるかもしれませんが、私はそれだけではないと考えています。

　英語には、下顎を突き出し気味にしたり、舌を前に出したり嚙んだりして発声する音がたくさんあります。つまり、日本語ほどには舌をきゅっと上げる力を

図2-14
「寛政三美人」（喜多川歌麿）

必要としない言語なのでしょう。そういう言語を長年しゃべり続けていれば、どうしても、下唇が四角く分厚くなってきます。もちろん、普通に自国の言語を話しているだけなので、誰もおかしいとは思いませんし、それどころか、唇は厚ければ厚いほどセクシーといわれています。つまり、その国の言語の特性によって、美人とされる顔も違ってくるのではないかと思うのです。純粋な日本人の骨格を持った人ですら、アメリカ暮らしが長かった帰国子女などは、下唇がぽってりと厚い人が多いですしね。

　同様に、たとえば中国で生まれ育って中国語だけしゃべって育てば、完全な日本人でも、中国人の顔にしか見えないと感じられることがあるのではないかと思います。私は、中国の方と日本人の顔が違って見えるのは、骨格的な特徴もありますが、それよりも「言語が違うので使う筋肉も違うから」という要因のほうがより大きく作用しているのではないかと考察しています。

　そう考えると、日本語という言語は、そもそも二重顎になりにくく、口周りをしゃきっとさせ、顔の筋肉もキープできて、いつまでも若々しくいられるすばらしい言語といえます。それもこれも、舌を持ち上げる筋力を必要とする言語だからこそ、なのです。

▶鼻声の原因も低位舌・前位舌！

　区別がつきにくいのですが、鼻声には、実は2つの種類があります。「鼻づまり」の鼻声と、「鼻に抜けすぎ」の鼻声です。

「鼻づまり」のほうの鼻声とは、鼻に息を抜いて言うべき音＝「鼻音」のときに、鼻がつまっていてうまく抜くことができず、フガフガしたおかしな音に聞こえるというものです。具体的には、マ行、ナ行、鼻濁音、およびその拗音（ニャ・ニュ・ニョなどの小さいヤユヨが付いた音）です。

もう1つの、「鼻に抜けすぎ」の鼻声とは、「鼻音」以外の、鼻に空気を抜いてはいけない音まで鼻に抜いてしまうという悪い癖からくる鼻声です。呼気をすべて口から出すことができず、口内で滞留させてしまうために、滞留した呼気の一部が鼻に流れて、盛大に響いてしまうわけです。なぜそんな悪い癖が身についてしまうかといえば、最大の原因は、やはり前位舌です。

そのメカニズムはこうです。繰り返し述べているように、口を閉じているときは、舌は後ろまでべったりと上顎についているのが正常な状態ですが、前位舌の人は舌の前方はついていても、後ろは下がっています。また、しゃべるときは舌の先端は、下の歯茎のところに下がるわけですが、舌の後ろまで、ちゃんと上がる力がある人の場合は、舌の両側だけが上がり、舌先も自由に動きます（図2－15）。

それをいちばん自分で感じやすいのは、口をあまり開けずにすむ「ウ」の発声です。このとき、舌の後方の「舌の両側」は、上顎についたままです。そして、舌のセンターラインには呼気が通るくぼみができます。

このくぼみができた状態のことを私は「舌の反り」と命名しました。図2－16の写真のような舌の形のことです。

第 2 章 「低位舌」と「前位舌」

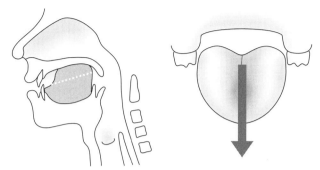

(図2-15) 舌のセンターラインを呼気が通るイメージ

　この写真はア段の音の写真ですが、舌が見えないウ段の音のときも、舌の両側が上がって上歯茎につき、このように真ん中だけ、呼気の通り道ができます。この通り道を呼気が勢いよく流れ、その勢いのある音を前方の舌で調音しますから、滑舌よくしゃべれるわけです。
　対して、前位舌の人は、口を閉じたときでも舌の後ろがついていません。ですから、しゃべり始めたとたん、舌は

(図2-16)
ア段の舌の反り

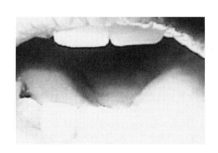

図2-17左のように、だらっと全体に下がってしまいます。すると、呼気も、だだっ広い口の中をダラダラと前進します。しかも、前方で何とか調音しようとしても、勢いがないので、呼気が口の中で滞留してしまいます。しかも、この状態で前方で調音しようとすると、後ろのほうにもやもやと滞留していた呼気が一部押し戻されて、鼻のほうに流れてしまいます（図2-17右）。これが、「鼻に抜けすぎ」の鼻声の正体なのです。

また、舌の筋力が足りないと姿勢が悪くなり、発声時に変に力が入って喉声になるわけですが、こういう人も呼気が口の外にスッと抜けにくくなっているので、たいてい鼻に空気が抜けてしまっています。

どちらにせよ、舌の筋力不足、とくに舌の後方の筋力不

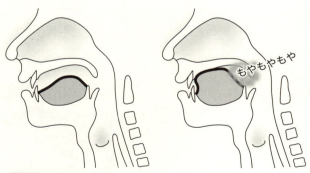

図2-17 前位舌の舌
左：しゃべりはじめると舌全体が下がる
右：調音しているときも舌の後ろが下がっている

足である前位舌こそが、「鼻に抜けすぎ」の鼻声になってしまう最大の要因なのです。

▶もちろん滑舌も、舌力が命！

　舌の筋力の中でも、私の言うところの「舌力」、舌の後ろのほうの筋力を鍛えることが、声の出かた、姿勢、健康、運動能力から外見の美しさにいたるまで、あらゆる点で重要であることは、かなりおわかりいただけたと思います。では、当然ながらこの筋力が、滑舌にとってもいちばん大事なものであることを確認していきましょう。

『「魅せる声」のつくり方』で述べた「滑舌問題の３大原因」をここで簡単におさらいしておきます。
①表情筋・口唇筋が弱い
②口を開けすぎ・口唇筋に力を入れすぎ
③前位舌（低位舌・切端咬合・切端咬合気味）

　この３つが、滑舌問題の３大要因です。ただし、①と②は、言ってみれば２次災害のようなものです。

　つまり、子供の頃から③の前位舌（低位舌やポカン口を含む）を放置した結果、①表情筋・口唇筋が弱い状態になり、その結果、滑舌も悪くぼんやりした声になってしまったので、それを何とかしようと間違った努力をしたら、今度は②口を開けすぎ・口唇筋に力を入れすぎの状態になってしまった……といった負の連鎖を招いてしまっているのです。

　子供の頃から舌を意識して、しっかり鍛えていれば、①や②の状態にはなりません。さらにいえば、③のうちの切

端咬合や切端咬合気味になってしまう理由も、ほとんどが、舌が下がって前に伸び、下の前歯をどんどん押してしまった結果なのです。つまり、「前位舌にならなければ、滑舌は悪くならない」というわけです。ここでは、「滑舌」という観点からもう一度、前位舌の弊害についてみていきます。

　何度も述べてきたように、前位舌とは「舌が前や横に流れる」状態です。そうなる原因は、舌の後方を持ち上げる筋力が足りないためです。舌の前方をいくら上げても、後ろが下がっていると、舌が前に出てきてしまいます。舌が前に出てくると、前歯の間から舌がはみ出してしまったり、正しい調音点に舌を触れなかったりするので、甘ったるい音になってしまうのです（図2－18）。

　たとえば、赤ちゃんや小さい子供の舌を思い浮かべてください。まだ十分に舌の筋力が発達していないので、丸々

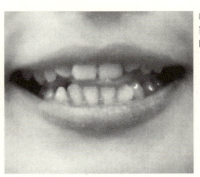

図2-18
前歯の間からはみ出た舌を噛んでしまっている

と太った可愛らしい舌です。でも、そのままでは舌っ足らずな弱々しい音しか出ません。「おやすみなさい」が「おやちゅみなたい」になるのは、舌の前方をしっかり上げて、狭い呼気の通り道をつくり、摩擦音を発音するだけの舌の筋力がないせいです。しかし摩擦音は、舌の前方の力だけではきれいに発声できません。なぜなら、舌の前方をいくら上げようとしても、後ろが上がらないと、呼気を細く出すような形にならないからです。しかも、無理に呼気を出そうとすると受け口気味になり、こもって抜けの悪い、鼻に響いた変な音になってしまいます。

　正しい滑舌の基本は、どの音を発声するときでも舌の両側は、後ろのほうまで上げておくということです。

　たとえば、ア段やオ段のように、口が開いて、舌が上歯茎から離れる場合も、舌の両側は後ろまでしっかり上げ、舌の真ん中はぐっと反って、呼気が通る狭い道をつくることが肝心です（図2-19）。この「舌の両側が後ろまで上

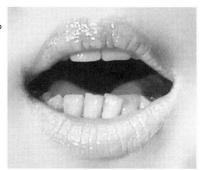

（図2-19）
舌の両側が上がっている
（ア段）

がり、舌の真ん中が反って下がる力」があって、初めてすべての音がシャープになり、よく通る声になるのです。

しかも、この形になれば、舌の前方がほどよい位置に収まり、動かしやすくなるので、正しい調音ができ、結果として滑舌よくしゃべれるようになるというわけです。

舌の後ろを上げる筋力がないと、全体に舌が下がるので、ペタッとしただだっ広い舌になり（図2－20）、「舌が前や横に流れる」という典型的な前位舌の形になります。前位舌が治らないと、滑舌も発声も決してよくなることはないのです。

ところで、私の本を読むのが初めての方もいらっしゃるでしょうから、しゃべるときの口の開け方についても簡単に説明しておきます。

「すばやく滑舌よくしゃべろう」と思ったら、大きく横に引っ張る口の形では無理があります。口を横に引っ張ると、動かすのに時間がかかるうえに、舌も下がり、舌幅も

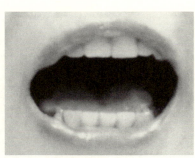

図2-20
だだっ広くペタッとした舌

だらっと広がります。これでは滑舌よくしゃべれるわけがないのです。

　大切なのは、口の横幅はなるべく狭く保ったままにすること、ある程度は横に広がる音の場合でも、下唇を縮める気持ちは保ったままにしておくことです。図2-21は、鼻の幅と変わらないぐらいに指で押さえこんでも、アイウエオは言えてしまうということを表しています。

「口を大きく開けて」といわれたことがある人も多いでしょうが、あれは本来、縦に開けるということであって、横に開けろという意味ではありません。ところが、小学校などに掲げられていた「アイウエオ」の口の形を描いたイラストが、大口を開けた形をしていたせいか、「口を開く」イコール「横に開く」という思い込みが蔓延してしまい、アナウンサーや声優、話し方教室などでさえ、「横に開く」ことが正しいと思い込んで教えている人がたくさんいるのです。その結果、先に説明した「②口を開けすぎ・口唇筋に力を入れすぎ」の状態になり、滑舌を悪化させてしまう気の毒な人が後を絶

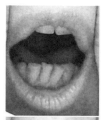

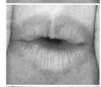
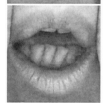
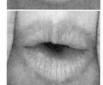

図2-21
鼻の幅くらいに口の幅を狭めて発音したアイウエオ（上から）

たないのです。

　実は、幅の狭い小さい口のままにしていれば、舌の後ろのほうの幅も自然に縮まります。その状態で、舌を後ろまで持ち上げる力が入っていれば、正しい位置に舌がスッと収まります。つまり、前述した「下唇のしわしわ力」と「舌を持ち上げる筋力」がセットになった筋力こそが、正しい発声・滑舌を生むのです。そして、それこそが「舌力」の正体なのです。

　だから滑舌よくしゃべれる人は、唇も小さく薄くなってきます。実際、ベテランのアナウンサーで、分厚い唇の人を見たことがありません。私の生徒さんたちも、滑舌のために舌の筋トレと唇の筋トレをしてもらうと、数ヵ月で分厚かった唇が薄くなる人が続出します。日本語の正しい音をつくる舌の使い方をしていれば、唇は厚くならないのです。いまでは私は、写真を見ただけで、その人が滑舌にどんな問題を抱えているのか、わかるようになってきました。そのぐらい、舌の筋力は顔に表れてしまうということです。

▶「吃音」に効果があった例も

　この章の最後に、「吃音」についても少しだけ触れておきます。吃音の原因はほとんどが精神的なものでしょうから、本書で述べているような筋力トレーニングだけで治すのは、なかなか難しいとは思います。ただ、私のセミナーに何度かいらした方が「少し変わった気がする」と言ってくださったので、ほんのご参考までに紹介させていただき

ます。

　その方は、本当にいろいろなところに通っていました。最初に吃音専門の治療機関に行ったそうです。そこでは、「腹圧と口の開け方が足りないことが吃音者の特徴なので、しっかり口を開けて大きな声を出すように」と言われたそうです。しかし、改善が見られず、今度はアレクサンダー・テクニークへ通いました。アレクサンダーでは「首を楽に」と教えられたそうですが、頭痛には効果があったけれど、やはり吃音は治らなかったということで、最後に私のところにいらしたのでした。

　拝見すると、舌が上顎に全部つかず、油断すると口が開いてしまうタイプでした。もちろん口の周りの筋肉も弱く、口元はもやっとしていました。これでは呼気が勢いよく出るはずもなく、たしかに「弱々しい、腹圧の足りない声」に聞こえます。

　そこで、舌の筋トレと、腹式呼吸のしかたをお教えしました。すると、何度か通ううちに、少しずつ舌に筋力がついてきて、腹式呼吸も正しくできるようになり、いわゆる「おなかから声が出る」ようになってきました。やがて、ご本人曰く、「吃音に改善がみられるようになった」というのです。また、声が出るようになってくると、不思議なことに、表情もにこやかになり、なおかつ立ち居振る舞いが堂々としてきました。声が出ることで自信がついたのかもしれません。

　もちろん、すべての方にあてはまるわけではないと思いますが、しっかりとした声が出ず、何度も聞き返されるう

ちに、しゃべることに自信がなくなって吃音になってしまった、という方でしたら、この方のように効果はあるかもしれません。

▶舌は家の「屋根」である

　舌力をアップして、前位舌が改善すると、本当にいろいろな効果があることを納得していただけたでしょうか？

　人間の体を家にたとえると、「足の裏」が土台、「腰」が大黒柱、そして「舌」は、屋根といったところでしょうか。

　土台や大黒柱はもちろん大事ですが、屋根がしっかりしていないと、雨漏りなどで家が傷んでしまいます。同様に、舌も筋力が足りないと、体のあらゆるところに問題が発生してくるというわけです。

　ちなみに、ポカン口や低位舌・前位舌の子供は、ストローでうまく水が飲めなかったり、おそばなどをすすることもうまくできなかったりします。舌がしっかり上がらないと「勢いよく吸う」という作業が難しくなるからです。

　また、口笛がうまく吹けない、風船を膨らませられないという人は、たぶん前位舌です。低位舌とまではいかなくても、舌の両側が下がるとどうしても頬の側に空気が漏れるので、強い呼気にならないからです。

　ここまでの話に心当たりのある方は、もう一刻も早く、舌の筋トレをやってみたくなっているのではないでしょうか。

　でも、ごめんなさい。筋トレの前に、まだ知っておいて

ほしいことがあるのです。実はこれ、かなり重要なことで、それこそ「もっと早く知りたかった」とよくいわれることでもあります。

　私がこれまでに書いた本でも少しは触れていますが、この数年の間に新しい技術も世の中に少しずつ広がってきて、この問題を楽に、安全に解決する方法が意外に身近に存在するようになってきました。とはいえ、残念ながら、まだほとんどの人には知られていません。知らないために損をしている人をたくさん見てきましたし、とくに子供の頃に知っていれば……というケースが多いのです。

　だから、いま悩んでいる方はもちろん、周りにお子さんがいる大人の方にも、ぜひ知っておいてほしいことなのです。

声の魅力が増す

- ◆発声がよくなり、大きな強い声、深みのある声になる
- ◆滑舌がよくなり、早く話しても音が流れなくなる
- ◆舌を噛みにくくなるので、ナチュラルに話せる
- ◆無声化が言いやすくなる
- ◆鼻にかかった声が改善される

姿勢がよくなる

- ◆猫背、ストレートネック、スマホ首を防ぐ
- ◆頭痛、肩こり、めまいなどが改善される
- ◆若々しく、エネルギッシュな印象になる
- ◆バランス感覚が整い、運動能力が上がる
- ◆自律神経のバランスが整う

舌力(ぜつりょく)アップ!

呼吸がよくなる

- ◆口呼吸が治ることで、風邪をひきやすい、扁桃腺が腫れやすい、花粉症などのアレルギー、舌苔、口臭、口の渇きなどが改善される
- ◆イビキや無呼吸症候群などが改善される
- ◆冷えなどが改善され、ダイエット効果が見込める
- ◆内臓の疲労回復、脳の活性化に効果ありとの研究も
- ◆誤飲性肺炎の予防

顔まわりが美しくなる

- ◆二重顎が解消されて、顎まわりがすっきりする
- ◆唇が薄く、きれいな形になる
- ◆唇や顔のゆがみ、曲がりが改善される
- ◆頬に筋肉がアップし、張りが出る
- ◆ほうれい線やシワが深くなりにくくなる
- ◆首に横ジワがつきにくくなる

図2-22 舌力をつけることで期待できる効果

第3章

「舌力」がつかない理由
①鼻の問題

ポカン口や低位舌・前位舌のままでは、いろいろな意味で大きな損をしてしまうことがおわかりいただけたと思います。ではなぜ、そんなことになってしまうのでしょう。その原因があるのなら、まずはそれを治さなければなりません。

　当然、お子さんではわからないことですから、周りの大人が注意しなければいけませんが、実は、その大人も自分のことすらわかっていないことがほとんどです。事実、私のレッスンを受けにいらっしゃる方々はみなさん、問題の原因がわからないからこそ助けを求めているわけです。そして、原因を指摘すると決まって出てくるのが「子供の頃に知りたかった」「もっと早く知っていればこんなに苦労しなくてすんだのに」というセリフなのです。

　というわけで、舌の筋力がつかない「ポカン口」や「低位舌・前位舌」になってしまう原因の代表的なものを、説明していきましょう。

▶鼻の問題を治すのは「親の責任」

　私のレッスンを受けに来る方々のなかには、明らかに鼻がつまっているのに本人は自覚していないという人が結構いらっしゃいます。また、多少は自覚していても「ときどきちょっとつまるだけで、問題ありません」「少し鼻声だとは思っていましたが、人にわかるほどではないですよね」などという人まで含めると、自分の鼻声・鼻づまりを気にしていない人はかなりの数に上ります。でも、その鼻声は、実は誰だって気がついています。ただ普通は「この

人はそういう声なんだろうな」と、とくに気にとめていないだけなのです。

さらに、子供の頃から鼻の通りが悪いと、「それがあたりまえ」になってしまいます。すると、本人でさえ、自分がどれだけ酸素不足の状態で過ごしているのかに気がつかないまま、大人になってしまうというケースが、意外なほどたくさんあるのです。しかし、ふだんは気にならなくとも、ほかの人よりは間違いなく鼻がつまっているわけですから、何かに集中しているとどうしても口が開いてしまいます。そう、この鼻づまりこそが、ポカン口を引き起こす最大の原因だったのです。

しかし、これは子供にはどうすることもできません。子供がこのような鼻の問題を抱えていたら、治してあげるのが周囲の大人の責任なのです。

さて、鼻づまりの原因には、いくつか種類があります。私の生徒さんを見ていると、おもに以下の3つの原因が大きく影響しているように思われます。

（1）「アレルギー性鼻炎」などで鼻の中が炎症を起こし腫れてしまったことによる鼻づまりや「副鼻腔炎（いわゆる蓄膿症）」

（2）「鼻中隔湾曲症」と、それが原因となって起きる「副鼻腔炎」

（3）子供の頃の上咽頭にある「アデノイド（咽頭扁桃）」の炎症／大人になってからの上咽頭の炎症

このうち（3）は、医学的には鼻というより「喉」に分類されるものですが、一般の患者さんの感覚としては、鼻

の奥がつまって鼻呼吸がしにくくなるという症状が出ますから、本書では鼻の問題として分類させていただきました。

では、それぞれの症状についてくわしくみていきましょう。

▶アレルギー性鼻炎（下鼻甲介粘膜肥大）

子供の頃から慢性鼻炎だった生徒さんがいました。しかし、病院に行っても点鼻薬を出されるなどの対症療法だけで、根本的な治療はしてもらえなかったそうで、「粘膜の腫れを取るだけなんだから、もう市販薬でいいや」と、病院に行くのをやめてしまったとのことです。しかし、これでは何の問題解決にもなっていません。結局、20歳を過ぎた頃には、点鼻薬（血管収縮剤）がないと「苦しくて眠れない」という状態にまでなってしまったのです。薬が切れるとすぐ鼻がつまるので、いつもうっすらと口が開いているようになり（本人にはあまり自覚がありませんでしたが）、当然、唇もぽってりと厚くなって、滑舌にも問題を抱えていました。そこで、鼻の治療に特化した専門病院を紹介して受診してもらったところ、20年来の鼻炎があっさりと治ったのです。

ちなみに、聞いたことがあるかもしれませんが、従来、鼻炎がひどい人の治療法としては、「粘膜を焼く」というレーザー手術が一般的でした（いまもやっている病院はわりと多い）。しかしこの方法には、すぐ再発する、表面が瘢痕化し硬くなる、また粘膜としての機能が損なわれると

いう欠点があり、「あまりお勧めできない」という医者が増えています。

実際、何年か前にものすごい鼻声の生徒さんがいたのですが、「若い頃から2年に1回ぐらい粘膜を焼いてもらっていたが、最近は効果が1年も持たなくなってきた」とおっしゃっていました。ほかにも同じような話をいくつか聞いたので、粘膜を焼くという手術は私も生徒さんにはお勧めしていません。

かわりに最近よく耳にするのが、「下鼻甲介粘膜切除」および「粘膜下・下鼻甲介骨切除術」です。アレルギー性鼻炎による炎症が続くと、粘膜が厚く腫れあがったり、骨が飛びだしたりして、「下鼻甲介」（図3-1）の空気の通り道が細くなってしまうことがあります（図3-2）。そこで、これらの粘膜や骨を削って、空気の通り道を太くするというわけです。この手術は術後の経過がよく、再発も

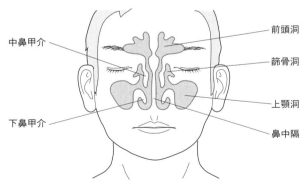

図3-1 鼻の各部位の位置と名前

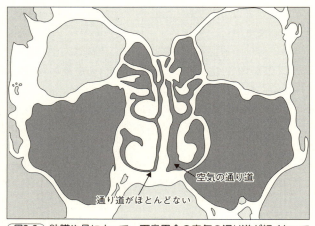

図3-2 粘膜や骨によって、下鼻甲介の空気の通り道が細くなっている

ほとんどないとのことです。

　さらに、この手術とともに「神経ブロック（後鼻神経切断術）」を実施すると効果はより高いことが最近わかってきて（日本鼻科学会会誌より）、いまはこの術式を採るところが少しずつ増えています。ただ、この術式にも新旧2通りがあり、古い術式は神経に伴走する動脈を一緒に切ることから、切ったあとの鼻の加湿機能などに少し問題が出ると考えている医者もいます。そこで、動脈を切らず、鼻の加湿機能を損なわないようにする新しい術式が出てきています。

　ちなみに、20年来の鼻炎が治った件の女性は、下鼻甲介粘膜切除と、動脈を切らないタイプの神経ブロック手術を

しました。その結果、本当に呼吸が楽になり、長年愛用していた点鼻薬とも、さよならできたそうです。しかし、彼女のように大人になってから苦労しないためにも、もし周りにポカン口のお子さんがいたら、鼻がつまっていないか確認していただければと思います。

> 神経ブロック（後鼻神経切断術）をお考えの場合は、担当医が新旧どちらの術式を採用しているか、よく聞いてから判断してください。

▶鼻中隔湾曲症

　鼻というのは、2～4時間おきに（医師によっては8時間おきぐらいと言う人も）、左右のどちらか一方が通るようになっているそうです。ところが、鼻の骨（鼻中隔）が曲がっていると、通りが悪いほうを空気が通る時間帯になると、とたんに鼻呼吸ができなくなり、口呼吸になってしまいます。これが、鼻中隔湾曲症による鼻づまりとポカン口になる理由です。

　実は、この症状は、そう珍しいものではありません。私のところにいらっしゃる人の中では、10人に1人以上の割合です（ただし私の生徒さんはそもそも滑舌などで問題を抱えている……つまりポカン口の方の割合が多いので、一般の統計よりは多いかもしれません）。

　たとえば、こんな人がいました。

　ひどい鼻声なのに、その男性、Aさんは鼻声の自覚すら

なかったのです。しかし、私にはAさんの鼻は曲がって見えるし、どう考えても「鼻声の原因は鼻の中にある」としか思えませんでした。

そこで、耳鼻科を受診するように勧めると、彼は近所の大学病院に行ったのですが、その病院では「ただの鼻炎」と診断され、飲み薬でお茶を濁されてしまったそうです。しかし、実は私自身も鼻の通りをよくするための手術を経験しているだけに「そんなので治るわけがない！ セカンドオピニオンを!!」と、思わず叫んでしまいました。Aさんも、自分の鼻づまりをだんだん自覚してきていたので、鼻に特化しているクリニックを自分で見つけだし、CTスキャンで鼻の中を確認してもらいました。すると予想通り、鼻中隔が曲がっていることがわかったのです（図3-3）。

さらには、中鼻甲介に妙な空洞があったので、その処置

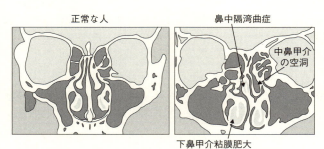

図3-3 正常な人の鼻（左）と、Aさん（手術前）の鼻（右）
下鼻甲介粘膜肥大と、中鼻甲介の中の空洞もみられた

とともに、さきに述べた下鼻甲介粘膜切除と神経ブロック、そして鼻中隔湾曲症の手術を決行したのです。

術後、Aさんは「手術して本当によかった。でも、もっと若い頃に手術していたら、僕の人生は変わっていた気がする」と言っていました。少年時代はスポーツが大好きで運動能力も相当あったのに、他の人より早く息が上がるので、自分はスポーツには向かない体質なのだ、とあきらめていたらしいのです。もっと若い頃に自分が鼻づまりであると知って手術をしていれば、スポーツで活躍できたかもしれないと悔やまれたのでしょう。でも彼は術後、仕事の成果がぐんぐん上がり、何をしていても楽しいと言っていましたから、少し遅くなったとはいえ手術をして本当によかったと思います。

なお、下鼻甲介粘膜の肥大や鼻中隔湾曲症がある人は、どうしても副鼻腔炎（蓄膿症）、とくに上顎洞炎にかかりやすくなります（図3-4）。鼻の諸問題がなければ副鼻腔炎になることは基本的にはありませんので、一度でも副鼻腔炎になったことのある人は根本原因を探るためにも、ぜひCTスキャンを撮れる病院でしっかり検査を受けてみてください。

ところで、前著『「魅せる声」のつくり方』を上梓したときもそうでしたが、このような手術についての情報を紹介すると、「手術などしないで何とかなる方法が知りたいのに」「生まれたときから鼻が悪いが、それで不自由してこなかったのだからこのままでいい」などという反応を、ときどきいただきます。

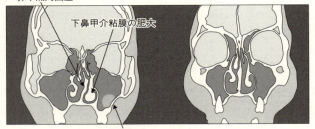

図3-4 鼻中隔湾曲症の鼻の手術前（左）と手術後（右）
下鼻甲介粘膜肥大と鼻中隔湾曲症に、副鼻腔炎も併発している例

　しかし、最初に話を聞いたときは「別に何の問題もない」などとおっしゃっていた方でも、よくよく聞いてみると「そういえば子供の頃から、運動していてもすぐ苦しくなっていた」「鼻声と指摘されたことが何度かあった」「小学校の頃から、朝起きたとき痰が絡まってドロッとした白いものが出てくることがあった」などと思い出される方は意外なくらい多いのです。つまり、実は何かと不自由なことがあったのに、「このぐらいは誰にでもある、あたりまえのこと」と思い込んでいて、気がついていなかっただけということです。ですから、「普通に生活できているように感じているけど、もしかしたら他の人より苦しい思いを強いられているのだろうか？」と自分の体に聞いてみるのは大事なことです。

　実際、鼻がつまっていると、呼吸量が足りなくなるので、走るのはしんどいし、集中力にも欠け、勉強や仕事の

能率も落ちます。しかも、どうしても口呼吸になるので、舌の筋力がつかないことによるさまざまな弊害が出てきます。もちろん年をとればとるほど、その弊害は大きくなります。逆に、早く気がつけば、それだけ問題の発生も抑えられるわけです。

さきほど少し述べたように、実は私自身も、若いときに鼻の手術をしています。私の場合は、鼻の奥のほうの通り道が少し狭く（たぶん鼻中隔の中ほどが膨らんでいた）、夜間や、お酒を飲んだあとなど、顔がむくんだ状態になると、鼻がつまっていました。しかし昼間は問題なく鼻が通り、もちろん口呼吸もしていませんでしたので、昼間の仕事の現場では鼻声を指摘されることもなく、病院で診てもらっても、担当医には「手術するほどのことはないよ」と言われてしまいました。たしかに、昼間に働く普通の生活をする分には、手術までは必要なかったかもしれません。しかし私たちの仕事は収録などが夜になることも多いので、夜の鼻声は死活問題だったのです。

ですから、「どうしても」とお願いして、むりやり手術をしてもらいました。当時はCTも撮らずに、ただ穴からのぞきながら、レーザーでガリガリ削るという、ちょっと雑な手術でしたが、それでも私自身は、あのとき手術してもらって本当によかったと思っています。おかげでその後、鼻づまりは一切なくなり、それまでは仕事場にいつも携行していた点鼻薬も、まったく必要なくなりました。もし手術をしていなかったら、いまごろ、イビキや無呼吸症候群になっていたかもしれません。そんな自分自身の経験

からも、苦しそうな人を見ると、よけいなお世話とは思いつつも、どうしても正しい知識をもっていただきたいと思ってしまうのです。

ところで私の場合は、先生に診てもらう時間帯は鼻づまりがなかったので、手術なんて必要ないと言われたのもしかたないのですが、鼻中隔が大きく曲がっている人にすら「手術は意味がない」などという医師もいます。実際、ポカン口で、しかも、ひどい鼻声だった男性に「たしかに少し曲がっているようだけれど、手術しても息が多少しやすくなる程度だからお勧めしない」などと言った医師がいました。それで本人も、いまのままでいいと思ってしまいそうなところだったのですが、素人の私から見ても明らかに鼻の角度に問題があり、とても息苦しそうだったので、セカンドオピニオンを勧めました。

セカンドオピニオンでの診断は、驚くべきものでした。「鼻中隔の湾曲の程度は、最大を10とすれば、9か10ぐらい。ここまでひどい曲がり方は見たことがない。空気の通りも左右で1:9ほどに偏っている。手術をしても左右同じにはなりそうもなく、3:7か、よくて4:6くらい」

それほどひどい状況だったのです（図3-5）。

しかし幸いなことに、思ったよりいい具合に手術ができました。術後2週間ですっかり呼吸が楽になり、1ヵ月たった頃には「声の通りが全然違う」と周りに言われるようになりました。当然、口呼吸も治りました。いまでは、「あのときの逡巡は何だったんだろう」と、本人も笑い話にしています。

第3章 「舌力」がつかない理由 ①鼻の問題

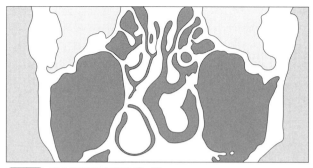

(図3-5) 鼻中隔湾曲症のひどい例
真ん中の骨が「く」の字に曲がっている

　というわけで、担当医に「鼻中隔が多少曲がっているがたいしたことはない」と言われて薬だけ処方された方も、副鼻腔炎（蓄膿症）を何度か繰り返していれば（一生のうち2〜3回もあれば「しょっちゅう」の部類です）、「薬だけの対処で何度も繰り返すのはつらいので根本原因を治したい」と医師に訴えてみてください。それでも埒があかない場合は、セカンドオピニオンを求めるべきだと思います。

　また、そこまでひどくなっていなくても、ポカン口や低位舌の方は、まず鼻がつまっていないか、疑ってみてください。しつこいようですが、自分で気がついていないだけで鼻づまりや口呼吸であるという人は、本当に驚くほどいます。なかには、蓄膿症が発症しているのに気づかない人すらいるのです。

　そういう人は鼻声を指摘しても、たいてい「鼻はとくにつまっていない」と言います。でも、「痰が絡んだりして

なんとなく呼吸しにくいときがありませんか?」と聞くと、「たしかに鼻はつまっていないのに、痰や鼻水がのどに落ちてきてしゃべりにくい」などと、よくよく考えてみると心当たりがある人が多いのです。なので、以下のような自覚がある人は、鼻に問題があるのでは? と疑って、ぜひ行動を起こしてほしいと思います。
・ふだん何気なくTVを観ているときの顔がだらしない
・夜寝ているときに口が開いている
・イビキを指摘される
・朝起きたときに口の中がカラカラになっている
・起床時に喉が痛くなっていることがよくある
・扁桃腺が腫れやすい
・鼻はつまっていないのに鼻水や痰がよく絡む
・唇が分厚く緩んでいる

　どうしてもわからなければ、口にバンソウコウなどを貼って、口を絶対に開けられない状態にして15分ほど、軽く動いたりしながら普通に過ごしてみてください(お子さんにも有効な方法です)。この程度の時間ですら苦しくなるようでしたら間違いなく鼻がつまっていますので「CTスキャンを撮ってくれる耳鼻科」にご相談ください。

> 一度のテストで「苦しくなかった」方も、何度かやってみることをお勧めします。鼻は数時間ごとに空気が通る側が替わるので、たまたまその時間は通りがよいほうだったということもあるからです。

ちなみに手術の料金は、「下鼻甲介粘膜切除」と「神経ブロック」、そして「鼻中隔湾曲症」を全部足しても、30万〜35万円ぐらいと聞いています。ただし、健康保険の高額医療費制度を使えますから、収入にもよりますが10万円ぐらいで何とかなると思います。ほかに医療保険に加入していればそれも適用されるはずなので、うまくいけば、自己負担が3万円以下になることもあります（無呼吸症候群をすでに併発しているなど、場合によっては入院期間が長くなる人もいます。その場合は、入院費用なども考慮してください）。

　ただし、子供の料金は病院にもよりますが、もう少し安くなる可能性もあります。また、発育段階では鼻中隔湾曲症の手術が難しい場合もありますので、医師に確認してみてください。

▶アデノイド増殖症（子供のとき）

　細菌やウイルスの感染を受けやすい咽喉は、それらと戦う"護衛"の役割をはたす免疫細胞（リンパ組織）を、粘膜の下にもっています。その集合体が「扁桃」です。

　扁桃には、口の奥のいわゆる「のどちんこ」の両側にある「口蓋扁桃」と、上咽喉（鼻の奥）にある「咽頭扁桃」があり、後者は「アデノイド」とも呼ばれています（図3－6）。

　アデノイドは免疫力の弱い2〜4歳頃に、どうしても肥大しやすくなり、4〜7歳ぐらいで最大となるそうです。でもその後、10〜18歳ぐらいまでには自然となくなるのが

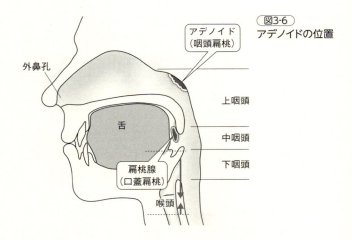

図3-6
アデノイドの位置

普通です。

　しかし、2歳から7歳ぐらいまでの症状がひどく、いつまでも治らずに腫れあがったままでいる子供たちがいます。そんな症状を「アデノイド増殖症」といいます。

　アデノイドが肥大すると、どうしても鼻がつまります。すると、口呼吸になってしまいますし、副鼻腔炎（蓄膿症）や、滲出性中耳炎になることもあるそうです。

　口呼吸が続くと風邪などもひきやすくなりますから、アデノイドは炎症を繰り返すことになり、ますます口呼吸になるという悪循環に陥ります。しかも、まだ骨や筋肉の成長過程でこの状態が長く続くと、育つべき骨格や筋肉が緩んだままになってしまい、ぼんやりした表情になったり、受け口、あるいは顎がなくなったような顔つきになったりすることもあります。こうした症状を総称して、「アデノ

イド顔貌(がんぼう)」といいます。そう、無呼吸症候群の説明のところで「顎が小さい、あるいは短い人は無呼吸症候群になりやすい」と書きましたが、実はこのように、子供の頃のアデノイド増殖症が、顎が小さくなった原因である可能性もおおいに考えられるわけです。

　ともあれ、アデノイド顔貌の症状の特徴と、ポカン口や低位舌の弊害とは、かなりの部分で重なるところがありますので、子供の頃のアデノイド肥大は、ポカン口に至る原因のなかでも"最上級"のものといえそうです。

　実際、こんな方もいらっしゃいました。受け口を治すために大手術をしたという生徒さんなのですが、手術を決行するほどの受け口になったということは、もしかするとアデノイド肥大が子供の頃にあったのではと思い、話を聞いてみたのです。すると……。

「子供の頃、かなり鼻づまりがひどかったのだけれど、子供はすぐ風邪をひくし、ということで親もたいして深刻に受けとめていなかった」「小学校の高学年から、耳鼻科検診のとき何か書かれていた気はする」「自分の横顔がはっきり人と違うと気がついたのは高校生の頃」「父も母も普通の顎だし、父からは顎のことでからかわれていたぐらいなので、受け口の骨格は遺伝ではないと思う」「大人になって、受け口を治す外科手術前の検査で、副鼻腔炎（蓄膿症）のため入院が必須と言われた」

　とのことで、状況証拠だけではありますが、これはもう子供の頃からアデノイド増殖症だったのだろうと思いました。

つまり、子供の頃のアデノイド肥大のせいで口呼吸になり、舌の筋力が発達しなかった。当然、舌もずっと下がったままとなり、その舌が下の歯を押しつづけた。また、口が開いたままなので頰などの筋力も発達せず、どんどん下がっていった。骨格ができあがる前の子供の柔らかい骨と筋肉が、緩んで押しだされた結果、顎がどんどん出てきて受け口になった。しかも、口呼吸はずっと続いていたのでアデノイド肥大も続き、副鼻腔炎も発症してしまっていた……という経緯だったのだろうと思われるのです。

　こうなるともう、本人の責任ではありません。子供にはどうすることもできませんからね。

　後日談ですが、この話を書くため、本人に「エピソードを本につかわせてもらうね」と話したところ、子供の頃の検診時の記録を確かめてくれて、「アデノイド」という言葉が書いてあったのを見つけたそうです。しかし、お母さまが当時、周囲の人に「アデノイドの炎症なんて子供のときだけだから気にすることはないよ」と言われて、放置してしまったとのことでした。中途半端な知識が、残念な結果を生んでしまったようです。

▶上咽頭の炎症（大人になってから）

　子供の頃にアデノイド肥大があった人も、なかった人も、何かのかげんで、大人になってから上咽頭が炎症を起こすことはあります。しかし、大人になってからの上咽頭の炎症は、医者でも見落としがちとも聞きます。

　生徒さんの一人に、「声がもごもごして響かない。ずっ

第3章 「舌力」がつかない理由　①鼻の問題

と痰が絡んでしゃべりにくい。しかし、いくつかの耳鼻咽喉科で鼻や声帯を診てもらっても異常がないと言われて悩んでいる」という女性アナウンサーがいました。そこで、喉の専門医で徹底的に調べてもらったところ、原因の一つとして「上咽頭炎」がありそう、と診断されたそうです。まさにアデノイドのあるあたりです。彼女の場合、さすがにアデノイドは退化してもうなかったようですが、アデノイドが退化していようがいまいが、上咽頭は外部からの菌やウイルスを受けとめて戦ってくれる第一関門であることには変わりないのです。つまり、炎症を起こしやすい場所ということです。

なお、その医師はいみじくも、こう言っていました。
「上咽頭という部分に注目するドクターはあまりいないんですよね」

そのくらい、「喉の問題」は喉の、「鼻の問題」は鼻の検査だけでしか診断されず、そのつなぎ目の部分のところはあまり見てもらえないということなのかもしれません。

ここで私は、声を大にして言いたいことがあります。
「鼻うがいで、そこをケアできるじゃないか！」

と。風邪のひきはじめに、喉と鼻の境目のあたりがイガっと感じることがみなさんもありますよね？　これこそがまさに、アデノイドや上咽頭が、ウイルスや細菌と戦いを始めた証ではないかと私は考えています。そのときこそ、早めにそこを塩水で洗い流してあげると楽になるはずなのです。事実、私は鼻うがいのおかげで、もう30年間、喉風邪・鼻風邪はひいていません。ですから大人はもちろん子

供にも、ぜひとも鼻うがいをお勧めしたいのです。
「でも、なんだか難しそう……」と思っている方、大丈夫です。いまは「鼻うがいセット」も売っていますので。お子さんの鼻がすぐにつまるという場合はとくに、ぜひ試してあげてください。あっ、もちろん、その前に、耳鼻咽喉科に相談に行ってくださいね。

なお、鼻中隔湾曲症のところで、副鼻腔炎（蓄膿症）の症状として「鼻はつまっていないのに痰や鼻水が喉に落ちてきてしゃべりにくい」と述べましたが、これは上咽頭炎の可能性もありますから、医師の診察を受ける場合は両方の可能性を診てもらってください。

▶ちょっとおかしいと思ったら「鼻うがい」を！

では、私が30年間続けている鼻うがいの方法を紹介します。

> **簡単にできる「鼻うがい」の方法**
> ①うがい薬などについてくる小さなコップに塩を小さじ1/4ほど入れ、お湯で溶く（海水くらいのしょっぱさにします）。
> ②その塩水を鼻の下につけて水を飲むように鼻から吸い上げる（塩水が薄すぎなければ、鼻はつんとしません）。
> ③吸い上げた塩水は口に流れ出るので、そのまま吐き出す。

コップ1杯分を全部やりきると、すっきりしたことが感じられるはずです。

なお、「鼻うがい」と、口でする「普通のうがい」はセ

ットでおこなってください。上咽頭は喉と鼻のどちらからも届きにくく、逆にいえばどちらからも少し届く場所です。なので、口うがいもやったほうが、より効果が期待できます。また、普通のうがいは「あー」と言いながらやる人がほとんどだと思いますが、「あー」と「おー」を交互に言うようにしましょう。「あー」は全体に、「おー」はより深く、上咽頭のとば口にまで届くからです。また、うがい薬を使ったうがいは、刺激が強すぎて、かえって喉を痛めることもありますので、1日に3〜4回程度にとどめてください。塩水での鼻うがいはそこまで神経質にならなくてもいいと思いますが、塩でも多少の肌荒れを起こしますから、極端にやりすぎないようにしましょう。

　ところで、「上咽頭炎」と診断されたその女性アナウンサーは、塩化亜鉛という消毒薬をしみ込ませた綿棒を、上咽頭に直接塗布する「Bスポット治療」という方法を続けて、ずいぶん楽になったそうです。最初はものすごく痛くて、「1回目がいちばん強烈で、地獄を見るような痛みが24時間続きました」とのことでしたが……。

　そんな痛い目にあわないためにも、ふだんから鼻呼吸を意識して、ちょっとおかしいと思ったら、鼻うがいをすることを習い性にしてほしいと思います。

　とにもかくにも、鼻づまりなどの心当たりのある大人はもちろん、幼児検診で鼻がつまっていると診断されたお子さんも、どうぞ、医師の診察を受けてきちんと治してください。なかなか治らない場合は、セカンドオピニオンを見つける手間もいとわないでくださいね。

さて、お読みいただいたように、ポカン口や低位舌・前位舌になってしまう原因として、いちばん大きいのがこの「鼻づまり」の問題です。しかし、たとえ鼻づまり以外の理由であったとしても、小さい頃からポカン口・低位舌を放置していると、舌小帯・歯並び・反対咬合などの問題を引き起こしてしまう可能性がぐっと高まります。しかも「因果は巡る」で、舌小帯などの問題は、ポカン口や低位舌・前位舌の解決の大きな妨げとなります。
　そこで、次にこれらの問題についてくわしく見ていきます。

第4章

「舌力」がつかない理由
②舌小帯問題

▶舌小帯異常（舌小帯短縮症）

　舌小帯とは、これまでも述べてきたとおり、舌の裏側にある筋のことです。これも前述したように、大人になると、ほとんどなくなることが多いのですが（図4－1）、ポカン口などで舌の筋力が不足していると、舌小帯がしっかり残ってしまうという異常が多々起こります（図4－2）。これが「舌小帯短縮症」です。

　舌小帯が残っていると、舌の自由度を狭めてしまうので滑舌が甘くなります。何よりも、低位舌・前位舌の状態が続きますから、当然、それによるたくさんの問題が発生してくることになります。

　ただ、舌小帯異常にも程度の差があります。ごく軽い舌小帯異常なら、舌をちゃんと動かしたり、トレーニングしたりすることで自然に改善する場合がよくあります。しかし、私の生徒さんたちを見るかぎり、強めに舌小帯が残っている人はご両親のどちらか、もしくはご兄弟に舌小帯異常の方がいらっしゃる場合が多いようです。つまり、遺伝の要素もそこそこあるのでは、と感じています。

　実は、とある医療系資格保持者の方から、こんなご相談を受けたことがあります。

　自分は滑舌が悪く、毎日、練習をしているのに改善されない。乳幼児のときに一度、舌小帯を切ったのに、いま舌小帯異常のⅠ～Ⅱレベルになっている。これが滑舌に関係しているのだろうか？　というのです。

　そこで、こんな内容のメールをしました。

第4章 「舌力」がつかない理由　②舌小帯問題

図4-1
舌小帯がなくなっている

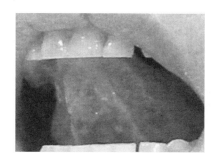

図4-2
舌小帯が残っている

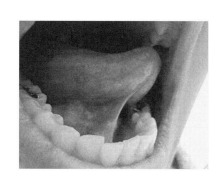

〈舌小帯問題は、成長過程で改善する場合もありますが、子供の頃から程度が強い人の場合、遺伝もかなりあるのではと疑っています。ご両親、とくにお母様にその傾向がありませんか？　子供は親の言葉を耳で覚えて言語のしくみを理解しますので、親が舌小帯異常で舌が上がらないしゃべり方をしていると、子供もそれが正しいと思って真似をしてしまいます。すると、自分がしゃべりはじめた頃には、舌小帯がある人（ご両親）と同じ舌の使い方をしてし

まいます。つまり、せっかく切ったのに、舌を上に上げるしゃべり方をしなかったせいで、また癒着してしまったのかもしれません〉

そして、本書にここまで書いたような、舌が下がったままでいることによるさまざまな問題も書き連ねました。

すると、その方から「指摘がどんぴしゃ過ぎて怖い」と返信がありました。「兄弟や母方の親戚にもたしかに舌小帯短縮症で手術した人がいる」というのです。また、舌が上がらないことによるさまざまな問題にも、思い当たることがたくさんあった、とのことでした。

この方は医療関係のお仕事をされていますから、舌小帯遺伝傾向と健康問題との因果関係がすっと腑に落ちたようです。しかし逆に言うと、医療関係者の間でもそのくらい、舌に関してはさまざまな知識が「点」でしかなく、滑舌や健康問題につながる「線」では理解されていないということでもあります。

▶舌小帯の手術を勧める理由

舌小帯は赤ちゃんや子供にはあたりまえにあるもので、大人になったら、本来は自然に切れます。しかし、あるのがあたりまえの赤ちゃんでも、さすがにこれは強すぎるだろうという状態の舌小帯がときどきあります。そのような乳幼児期の舌小帯異常については「哺乳しにくいから切ったほうがいい」という意見と「舌小帯と哺乳に関係はない」という意見が拮抗しているとも聞きます。また、私と似た意見で「舌小帯短縮症は遺伝である」と言い切ってい

る医師もいますが、全体のなかではまだ、かなりの少数派のようです。

このように舌小帯については、絶対的な指針はいまのところ確立していないように見受けられます。

したがって、大人の舌小帯異常を治すために手術すべきかどうかについても、賛否両論があり、私自身も、前著『「魅せる声」のつくり方』までは、「即手術ということではなく、舌の筋トレをまずしてから、それでもだめだったら考えてみてください」と書いてきました。ところがその後、運よく、名医というべき歯医者さんと出会うことができ、その先生の下で、たくさんの生徒さんが手術を受けることができました。

すると、程度が重かった人も軽かった人もみなさん、「本当に切ってよかった」「舌が自由に動くようになって、滑舌も姿勢もよくなった」「声の響きが明らかに変わった」などと口をそろえて言うのです。また、唇や顎の形も、1ヵ月もしない間に、ほぼすべての方に、明らかな変化が認められました。

そのため、最近は考えが変わってきました。もちろん「よい医師を見つける」ことが前提ですが、そのうえであれば、切ってしまったほうが圧倒的に楽ではないかと感じるようになってきているのです。

たとえば、とあるアナウンサーは、最初はいくらお勧めしても怖がってなかなか踏み切れなかったのですが、いざ切ってみると「言いにくい音が減り、羽根がはえたみたいにしゃべりやすくなった。顔周りもほっそりしてきた。自

分が言うのもなんだけれど、プロだったら絶対切ったほうがいいと思う」と、180度考えが変わりました。そのくらい、本人にも自覚できる効果が大きかったということです。

その手術は、みなさんが「本当にあっという間で、気がついたらもう縫う段階になっていた」と口をそろえるくらい、ごく短時間ですむ簡単なものです。また、私の信頼している名医の場合、痛みを感じるのは舌に麻酔注射をする数秒のみで、人によっては「虫歯治療のときに歯茎に打たれる麻酔注射のほうが数倍痛い」というほど、軽い痛みのようです。もちろん、痛みに弱い人もいますから、感じ方は千差万別でしょうが……。

なお、この先生は、かなり状態の悪い方でも4針以上はめったに切りません。大学病院などでは5〜7針縫うのが平均のようですが、5針以上縫った人に聞くと、縫う数が増えるほど痛みが強く、糸が引っかかって食事がしにくい日数が伸びるようです。しかし、この先生のところで3〜4針縫った人のほとんどは、午前中に切ればランチの時間にはもう軽く食べられるようになっているので、縫う数が術後の経過に影響するようです。まあ、たとえ縫う数は多くても、1週間もすればほとんどの人が気にならなくなるそうですが。

ちなみに、前述した無呼吸症候群になってしまった女性アナウンサーは、この先生のところでたった2針ですんでしまいました。つまり、ほかの歯科医では切ってもらえなかった可能性が大きいのです。それでも本人にとっては、

第4章 「舌力」がつかない理由 ②舌小帯問題

「この舌小帯のせいで無呼吸症候群になっていたことがはっきりした！ 切ったら呼吸が明らかに変わった」と感じるぐらい、切ったことによる効果は絶大でした。そんなわけで私は、声のプロ志向で舌小帯に異常がある人には、とりあえず歯科医に相談に行ってもらっています。多少でも異常があれば、切ることの効果はこのように明らかですから。

しかし、滑舌の問題が仕事にそれほど影響しない人は、歯医者に行っても切る必要がないと言われる場合がほとんどです。一方、医師が見ても、切らないとのちのち大変、というほど重い状態もあります。このように、舌小帯異常には、明らかなレベルの差があります。ですから、自分には舌小帯異常があるのかないのか、あればどのレベルなのかを知ることは、とても重要になってきます。そこで、以下に舌小帯異常の症状をレベル別に紹介していきます。

なお、この分類は、お医者様のおっしゃるレベルに沿っていますが、実はこれも、すべての医師で完全に共通したものではないようです。なので、私見も多少入っております。また、このレベルに入れるには微妙という程度の方でも、切ったほうがよい場合もありますので、そのあたりも少し書かせていただきます。

| 症状レベル | **重 舌小帯異常Ⅲ型** |

◎口を開けたとき、舌の先が下の歯の根元あたりにくっついてほとんど上がらない
◎舌の先端が下方に巻き込んでしまう形になっている

Ⅲ型はいちばん重いタイプで、さすがに上記のような症状の方は私のところにはいらっしゃいません。たぶん、ここまでの状態であれば赤ちゃんか子供の頃に切ってしまっているからだと思います。もし大人になってもこのレベルの方は、躊躇せずに医師・歯科医に相談してください。

> 症状レベル　中 舌小帯異常Ⅱ型

◎舌を持ち上げようとしてもほとんど上がらず、舌先が引っ張られる
◎「アカンベー」をしようとすると、舌先が引っ張られてハート形になる
　このような状態が、Ⅱ型に分類されます（図4-3）。

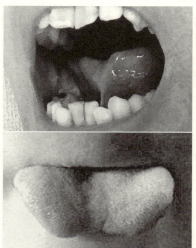

図4-3
舌小帯異常の症状「Ⅱ型」
上：舌がほとんど上がらず、舌先が引っ張られる
下：「アカンベー」をしようとするとハート形になる

第4章　「舌力」がつかない理由　②舌小帯問題

このレベルの方も私のところにいらっしゃることは少ないのですが、ときどき相談を受けることがあります。

そのうちの一人に、「自分の声を録音してみて、生まれて初めて自分が舌っ足らずであることを知り、衝撃を受けた」という40代の男性がいらっしゃいました。「舌っ足らず」とのことなので、舌小帯に問題があるのでは？　とお返事したところ、写真を送っていただきました。その写真を見て、私のほうが衝撃を受けました。あわてて、「こちらにいらっしゃる前に、手術をすることをお勧めします」と、生徒さんからいただいている手術の感想レポートをたくさんつけてお送りしました。

すると、その方は「一瞬どうしようか」と思ったものの、「お勧めに乗ったほうがよいと直感した」とのことで、ご紹介した歯科医で舌小帯を切ってきてくれたのです。

その結果、送っていただいたのが次のような感想でした。

まず手術直後は、「舌が自由に動く！」。

翌日には、「舌ってこんなに細かったんだと思いました。意識せずとも自然に舌全体が上顎にくっついて、しかも意識して無理矢理くっつけていたときと違って、スマートに上顎に収まっている感じです」。

そして1週間後に抜糸したあとには、「舌の動きがかなりよくなったと実感しています。切る前より舌の位置がよくなり、また徐々に、声を出すときに舌の位置を意識できるようになってきました。私の舌小帯はかなり強く、半年

後にもう少し切れるかもしれないと言われましたので再度チャレンジしたいと思います」と、非常に前向きになられていました。

その後は私のセミナーにもいらっしゃって、「滑舌練習を始めたい」と意気込んでいました。この方の場合は、滑舌問題だけではなく、この先もっと年を重ねたときにいろいろな不具合が起きてきたと思いますので、40代で気づいて本当によかったと思っています。

症状レベル 軽 舌小帯異常Ⅰ型

◎口を大きく開けると、舌先で上の歯の裏をなめられない
◎舌先が上顎にまったく届かない

これらがレベルⅠの症状です（図4-4）。いちばん軽いレベルなので比較的見過ごされがちですが、アナウンサーや声優・役者・タレントなど声を出すプロの人たちであれば、この程度の異常でも滑舌問題で大変な苦労をすることになります。

また、本人は気づいていなくても、うっすら口が開いていたり、唇が厚くなったり、姿勢や体幹に問題が発生している率は相当高いと思われます。つまり、芸能関係の方にかぎらず、この状態を放置しておくことは、まったく得策ではないということです。とくにスポーツ選手の方は、成績の停滞につながる可能性がありますので、歯科医に相談することをお勧めします。

実は、とある知り合いのベテランアナウンサーから、「うちの新人男性アナの滑舌がなかなか治らないので相談

第4章 「舌力」がつかない理由 ②舌小帯問題

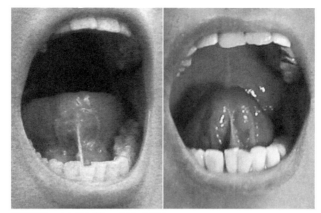

(図4-4) 舌小帯異常の症状「I型」
左：口を大きく開けると舌先で上の歯をなめられない
右：口を大きく開けると舌先が上顎に届かない

に乗ってほしい」と頼まれたことがありました。電話で本人の声を聴いたところ、「これは舌小帯に問題がある」と一発でわかったので、すぐに、会いにきてもらいました。

拝見すると、間違いなく舌小帯異常Ⅰ型のレベルでした。そこで舌小帯異常と滑舌、さらにはスポーツとの間にある因果関係を説明し、手術を勧めました。実はこの方、学生時代にはスポーツにも本気で取り組んでいたので、滑舌だけでなく体幹問題などにも、いろいろと思いあたる節があったようです。それで本人は、すぐ手術に乗り気になってくれたのですが、隣で話を聞いていたベテランアナウンサーのほうがびっくり。「うちの大事な新人に手術なんて、そんな簡単には決められない」と、局に持ち帰って部

長と協議するという大事になってしまったのです。

　最終的には許可が下りて、手術も無事に成功し、本人も周りも、その成果に非常に満足していますが、このように天下の放送局ですら、舌小帯問題が滑舌に直結していることを誰も知らなかったのです。そのぐらい、まだまだ舌小帯問題は世間には浸透していないのであり、そのために長らく苦しんでしまう人が後を絶たないというわけです。

　ただし、舌小帯を切ったからといって、魔法のように滑舌が完璧になるわけではありません。子供のときならいざ知らず、長年、下がったままの舌でしゃべってきた大人が、舌が上げられるようになったからといって、すぐに「舌を上げてしゃべろう」という気にはならないのが普通だからです。

　たとえば、舌小帯を切ったタレントがよく、「サ行は言いやすくなったけど、ラ行が言えなくなった」などと言っているのを聞きますが、それは、いままでの怠けたラ行の言い方で言おうとしているから、きれいに発音できないのです。日本語のラ行の音は、舌の前方だけをはじいてつくりますので、舌の後ろの両側をぐっと上げて、安定させないとうまくいきません。しかし舌小帯がある人は、舌小帯が舌を引っ張って自然に後ろを安定させていたので、比較的簡単にラ行が言えてしまう人が多いのです（もちろん、本来のラ行と比べればちょっと不自然な音になりますよ）。しかし、この自動の引っ張りがなくなったら、今度は自力で舌を固定しなければなりません。つまり、舌力アップが必要になってきます。

でも、せっかく「舌小帯があるうちは絶対に言えなかったサ行」が言えるようになったのですから、ラ行のための舌力アップトレーニングぐらいは、頑張らないともったいないですよね。しかもその頑張りが、見た目や健康にも影響するのですから。

　舌小帯を切ったこのアナウンサーも、いま、さらなる滑舌向上をめざして訓練中です。最近では「嚙むことも減ったし、滑舌がレベルアップしたと周りからも言われた」と喜んでいます。さらには「体重は変わらないのに顔がすっきりして、久しぶりに会った人に『やせた？』と聞かれた」と、ニンマリしていました。そう、男性だって、舌の筋トレをすれば、小顔を手に入れられるのです。

症状レベル [番外]

　口を開けて上の歯の裏をなめることはできても、これは厳しい……と、だれもが思ってしまうレベルの人もいます。

　たとえば図4－5の方は、舌の先端はたしかに上の歯の裏あたりにかろうじてついています。でも、明らかに舌小帯が巨大なことがわかりますよね。当然、滑舌も悪く、無理をして口を開けるので、しゃべるときの口はいつも曲がっていました。そして、アカンベーをしてもらうと、舌がほとんど前に出てこなかったのです（図4－6）。本人は相当頑張って前に出しているつもりでも、この写真ぐらいしか出せませんでした。

　結局、この方は大学病院で舌小帯を切ってもらいました

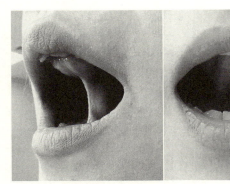

図4-5 舌小帯が大きく残っている

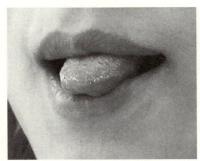

図4-6
「アカンベー」をしても舌が前にほとんど出てこない

が、ここまで強く舌小帯が残っていれば、舌の先端が上の歯の裏についても、どの医師も文句なく切ってくれます。そして切ったあとは、驚くほど舌が前に出るようになり、上にも持ち上げられるようになりました（図4-7）。そして「いままで舌先がいかに動いていなかったか」を感じるようになったそうです。そりゃそうですよね。これだけ

第4章 「舌力」がつかない理由　②舌小帯問題

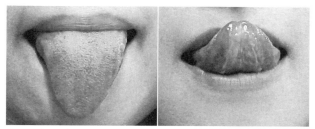

図4-7　舌が前に出て、上にも持ち上げられるようになった

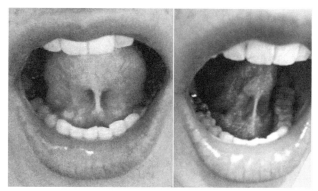

図4-8　舌小帯は短いが引っ張る力が強い

の可動域の違いですから。滑舌に効果があったのはもちろんですが、この手術で間違いなく、健康寿命も延びたはずです。

　ほかにも、舌小帯自体は短いのに、引っ張る力が強い図4－8のような人も、比較的どの病院でも切ってもらえるはずです。

115

[症状レベル] [**番外の番外**]

　私のところに来る生徒さんは、みなさん声のプロや、プロをめざしている人なので、もう少し程度が軽い場合でも、切ったほうがいいという方がたくさんいらっしゃいます。

　たとえば、

◎口を開けて舌先で上の歯の裏側をなめられるが、口を大きく開けたままでは、舌の先端を上顎から喉のほうへ滑らせていけない。もしくは、口が少し閉じ気味になる（図4－9左）

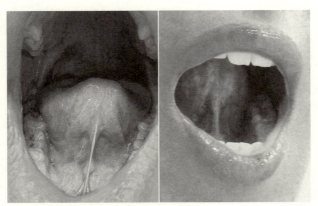

図4-9　舌小帯異常の症状「番外の番外」
左：口を大きく開けたままでは後ろがなめられず、頑張ると口が閉じ気味になる
右：上顎の真ん中まではなめられるが、後ろの軟口蓋まではなめられない

第4章 「舌力」がつかない理由 ②舌小帯問題

◎上顎の真ん中あたりまではなめられるが、後ろの軟らかいところ（軟口蓋）より先まではなめられない（なめられたとしてもせいぜい１センチ先くらいまで＝図４−９右）
◎口を閉じているとき、舌の前方は上の歯の裏あたりについているし、真ん中あたりまでも上顎についているが、舌のいちばん後ろのほうがどうしても上げられない。あるいは上がっているかどうかわからない
というタイプの方です。

このぐらいの症状だと、３針ぐらい縫うのが平均です。前述の無呼吸症候群の人でも２針ですんだぐらいなので、３針も縫うレベルですと、手術後の舌の可動域の違いに、みなさん大変驚きます。

しかし残念ながら、病院によっては、この程度では切る必要がないと断られることも多々あります。

実際に私が知る例では、かなり厳しい状態の方なのに、ある歯科医では「切っても１ミリ程度しか切れないから無駄」と断られてしまいました。しかし、どう考えても問題があるように見えたので、いつもの先生のところに念のため行ってもらったところ、１センチ以上切れて、３針縫ったそうです。当然、舌の可動域が広がって、声の響きや通りも変わったと実感されていました。

ほかには、アカンベーをすると舌先がハート形になってしまうⅡ型の症状がありながら、舌を上の歯の裏にかろうじてつけることはできるので、その意味ではⅠ型にも入らないという非常に微妙な方がいました（図４−10）。

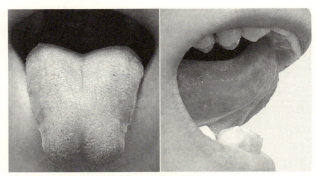

図4-10 舌小帯異常の症状「番外の番外」
「アカンベー」をすると舌がハート形になるが(左)、上の歯の裏に舌をつけることはできる(右)

　この方は、舌を上に持ち上げているときも舌小帯に引っ張られて舌が後ろに曲がっているので、その意味ではレベルⅠにぎりぎり入っている気もしますし、なにしろアカンベーで舌先がハート形になるわけですから、言ってみれば、レベル1.5という感じです。

　だからどの病院でも否も応もなく切ってくれるだろうと思っていたのですが、ある大学病院に行ったところ、「切る必要はないと思うが、本人がどうしてもというのなら、不本意ながら切りましょう」と言われたそうです。大学病院などでは、このレベルのものだと往々にしてこういうことがあるようです。この方は自分の信念をしっかりもって、お医者様にはっきりとお願いできたからよかったものの、言えない人はあきらめてしまいますよねぇ。

舌先がハート形になるほどのレベルだと、どうしても舌の筋力がつかず、低位舌になってしまいます。すると、若いうちはよくても、年齢を重ねてからいろいろな問題が起こりますので、医師には泣き落とし戦術をつかってでも、手術をしてもらってほしいと思います。

　このように舌小帯異常も、鼻の問題と同じく、医師によって手術すべきかどうかなどの判断がだいぶ違うようです。「滑舌と舌小帯は関係ない」と言い切る医師もいますが、構音のプロから言わせていただければ、大いに関係します。また、無呼吸症候群の改善のために舌小帯の手術が必要な場合も必ずあると思います。舌小帯切離手術を担当されている医師の方々には、柔軟に対応していただくことを心から願ってやみません。

▶「舌癒着」は舌小帯とは別の異常

　舌小帯の話の最後に、ちょっとご注意を。

　ややこしい話なのですが、ここまで説明した舌の異常は、舌小帯短縮症というものであって、舌小帯だけを切離する手術によって対処できるものです。

　しかし、舌の異常にはこれとは別に、「舌癒着（ぜつゆちゃく）」というものがあります。

　舌癒着とは、舌が生まれつき前のほうについているため、前方に引きつれたようになり、後ろにある喉頭蓋や、咽喉の全体が前方に引っ張られた状態になる異常です。咽喉が変形をきたすので、当然、呼吸などに悪影響があります。

ここまで症状がひどい場合は赤ちゃんの頃から大変苦しい思いをしているはずなので、大人になってから私のところにいらっしゃる方には、該当者はいないと考えています。また、医師によれば舌癒着は9割の方に「多かれ少なかれある」そうです。つまり、ある意味「普通」のことと考えられるので、重篤でなければ気にする必要はないとのことです。

　しかも、舌癒着を剝離する手術は、筋組織にメスを入れなければならないので、舌小帯を切るだけの手術と比べ、どうしてもリスクが高くなります。ですから、いま現在、食事や睡眠に困難をきたすほどでないかぎり、手術を選択肢に入れる必要はないと私は思っています(「舌癒着剝離手術」なんて聞いたこともないという大学病院の先生もいらっしゃいました)。

　ところが、とある大学病院で舌小帯を切る手術を受けたら、勝手に舌癒着剝離の手術もされたという方がいました(説明はあったのに本人が緊張していて聞き落とした可能性は大いにありますが)。幸い、大きな問題はなく、結果としてはとてもよかったのですが、それでも私は、低位舌・前位舌を治したいと考えて手術を受ける場合は、あくまでも舌小帯だけを切る手術をお勧めしています。もし舌小帯を切っても改善の兆しがまったくなかったら、そのとき初めて、舌癒着の可能性についても考えてみればいいことだと思いますので。

> ただし、赤ちゃんの舌癒着の場合、あまりにも哺乳が難しく成長の妨げになる場合は、舌癒着剥離手術をすることもあるそうです。そのような場合は、よく医師と相談してください。

▶手術を過度に怖れないで

　舌小帯を切る手術は、一般的にはメスで切る場合と、レーザーで切る場合があります。切って縫合する術式なら、どちらでも同じなのですが、レーザー手術の中には、レーザーで剥がしたあと、縫合しないタイプのものもあるそうです。その場合はまた癒着して元に戻ることもあるそうなので、事前に医師によく確認してください。

　ともあれ、よい先生にかかれば、舌小帯を切る手術は本当にあっという間にすむ簡単なものです。もちろん、基本的には舌小帯が自然に切れるように、子供の頃からしっかり口を閉じ、低位舌にならないよう舌を鍛えておくという意識がいちばん大切です。しかし、大人になっても、

- ストローで飲み物を飲めない
- 麺類がすすれない
- いくつになっても舌足らず
- 口が縦に開かない
- 喉声やかすれ声になりやすい
- 風邪をひきやすい
- イビキがひどい（睡眠時無呼吸症候群である）

・ポカン口や低位舌・前位舌が治らない
・姿勢が悪いとよく注意される

などに心当たりのある方は、舌小帯問題の可能性がありますので医師に相談すべきです。

私が本書でこのあとご紹介する「舌の筋トレ」は、舌小帯が強すぎる方だと、効果が半減してしまいます。診察した医師にもし「切らなくても問題はないが、切ることは可能」といったことを言われたら、ぜひ切ることも視野に入れて検討してみてください。

たしかに、手術と聞くと怖くて二の足を踏んでしまうのはよくわかります。実際、私の生徒にも手術への恐怖心が強く、「努力してレッスンだけで何とかしたい」と2年間も放置していた方がいました。しかし、滑舌も唇のゆがみや厚みもどうしても治らなかったので、ついに決意して、手術を決行しました。

その結果は、弱々しかった小さな声が、はっきりと前に届く大きく元気な声になり、また、いくら努力してもクリアにならなかった滑舌も、舌や唇を少し意識しただけでいきなり改善しました。しかも、どう頑張っても言えなかった「無声化」まで、驚くほど簡単にできるようになったのです。これには本人も驚愕していました。

無声化する音（無声音）の中には、舌の後ろが上がらないとどうしても言えないものがあります。舌小帯を切ったことで、舌の後ろが物理的に上がるようになったため、簡単に言えるようになったわけです。

また、切って20日程度ですぐに、唇のゆがみや厚みにも

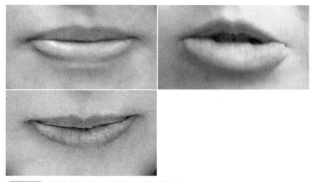

(図4-11) 舌小帯を切る前後の唇の変化
上2点：切る前は唇が厚く、ゆがみがあった
下：切って20日程度で唇は薄くなり口角が上がった

大きな改善が見られ、口角もしっかり上がってきました（図4－11）。

この方の場合は声のプロをめざしているので、滑舌や無声化の改善は絶対命題だったわけですが、唇のゆがみや下がった口角が治るというのも、とても大きなおまけでした。そういうメリットもありますので、医師に「切ることは可能」と言われたら、ためらわずに切ることをお勧めするわけです。

> なお、舌小帯切離手術は保険が適用され、薬代を含めても3000円程度です。保険適用ということは、国がちゃんと必要を認めている手術だということです。

第5章

「舌力」がつかない理由
③歯並びの問題

▶なぜ歯並びが悪くなるのか

 乳歯から大人の歯への生え変わりのとき、自然にまかせていると、問題が出ることがあります。

 ポカン口・低位舌のせいで上顎が狭いままになってしまった子供は、大人の大きな歯が全部収まりきらなくなります。すると、いちばん最後に生えてくる犬歯の生える隙間がなくなって、前に出てしまうのです。犬歯だけではすまない場合も多々あり、そうなると、それぞれの歯がぎゅうぎゅう詰めになって、曲がったり内側に倒れたりしてしまいます。

 また、下の前歯は上の前歯より内側に入りますから、上の歯茎が狭い子は当然、それより内側に入る下の歯茎も狭くなります。その結果、下の歯もガタガタになりやすく、場合によっては、上の前歯の内側に収まりきらなくなって、下の前歯のほうが前に飛び出してしまうことすらあります。

 しかも、犬歯などが外向きに出っ張っていると、口が閉じにくくなりますから、ポカン口がますます悪化します。これを無理に口を閉じようとすると、今度は鼻の下が伸びてしまいますので、変にこもった声になります。

 さらに、歯が内側に何本か倒れていると、舌はそれをよけて動こうとしますので、これまた問題が発生します。上の歯にそのような状態の歯があれば、舌が下がりがちになりますし、下の歯が倒れていれば舌は浮いて歯からはみ出して、前位舌のような状態になります。

この状態が片側にだけあれば、舌がよれて曲がります。当然、滑舌も悪くなりますし、顔も曲がったり、緩んだりしてしまいます。
　なので、歯並びが悪い場合は、なるべく早めに治したほうがよいのです。

▶矯正にも慎重な判断を

　ただ、ワイヤーをかける一般的な矯正を子供の頃にやっていた人に聞くと、「痛くて続けられなかった」とか、見た目がよくないので「いじめられてつらかった」など、あまりいい印象がありません。
　一方で、歯の見た目のよさを優先する、いわゆる「審美矯正」をする歯科医の中には、滑舌などのことを考えず、前歯が出ても並びさえよければいいという無茶な矯正をする人も残念ながらいます。実際、そのせいで矯正前より、とんでもなくひどい滑舌になってしまった人がいました。その人は気の毒なことに、本当に何を言っているのかわからない音を発していましたが、「矯正前はここまでひどくなかった」と悔やんでいました。そういうこともまれにありますので、自分の目的や症状に合わせて考えてくれる先生に診てもらえるよう、慎重に判断しなければなりません。
　ただ、そんな無茶な矯正をされてしまう人は、歯並びが単純にガタガタというタイプではなく、このあと述べる「反対咬合」や、「ディープバイト」という深すぎる噛み合わせのような、少し技術が必要な問題がある場合に多く見

られる気がします。

しかし最近は、とてもいい矯正方法が開発されています。この新しい方法については、のちほど紹介します。

▶反対咬合（受け口・切端咬合）とは

「反対咬合」は、「下顎前突(かがくぜんとつ)」ともいいます。本来なら歯は、上の歯が下の歯より前（外側）に出ているものですが（図5-1下）、それが逆になっている状態のことです。そのなかでも、とくに悪い状態が「受け口」です（図5-1左上）。

しかし、下の歯が上の歯よりも前に出てはいないものの、がっちりぶつかっている状態も、実は反対咬合の一つ

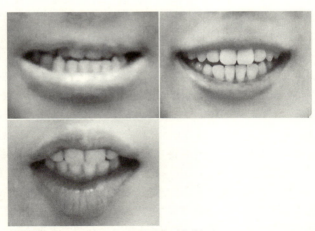

図5-1 受け口（左上）、切端咬合（右上）と通常の嚙み合わせ（下）

です。これを「切端咬合」といいます（図5-1右上）。通常の嚙み合わせと比べてください。

これら「反対咬合」の人は、呼気が前方へうまく流れず、強い鼻声や、こもった声に聞こえます。とくにイ段やウ段などの本来なら歯の間を開けなくても言える音を、歯の間を開けて発音することになりますから、すっと勢いよく前に飛ぶシャープな音が出にくくなります。また、舌の後ろを上げられなくなりますし、舌の前方も動かしにくくなりますから、当然のように滑舌は悪くなります。

もちろん、受け口や切端咬合は、もともとの骨格に問題があったという場合もありますが、これまで書いてきたとおり、ポカン口などが原因で舌が低位舌になり、その舌が下顎をぐんぐん押したためにできあがってしまったという2次災害的なものである可能性も、かなり高いのです。

ということは、子供のうちにポカン口・低位舌を治すとともに、きちんと矯正をすれば、大人になってから矯正するより、ずっと楽に治せるということです。

そういえば、こんな人がいました。もともとは正常な顎の状態だったのに、子供の頃に愛読していた漫画の登場人物が上下の歯をきっちりと合わせていたので、それが正しいと思い込み、無理をして上下を合わせるように頑張った結果、自分で切端咬合をつくりだしてしまった、というのです。笑えない悲劇です。正しい嚙み合わせを教えてあげないと、こんなことが本当に起きるということです。大人の責任は重大です。

逆に言うと、そのぐらい人の顎というものは、簡単に動

いてしまうということでもあります（だからこそ矯正で歯並びが治るわけですしね）。

▶ディープバイト(過蓋咬合)とは

ディープバイトとは、噛み合わせが深すぎる状態のことで、「過蓋咬合」ともいいます。ニコッと笑ったとき、前から前歯を見て、上の前歯が下の前歯をほとんど、もしくは半分以上覆ってしまうくらい深くまで噛み合っている噛み合わせのことです（図5－2）。

口を閉じたときに、舌が「上顎にも下顎にもついている」と感じる人も、ディープバイトの可能性がとても高いと思います。

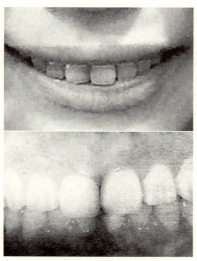

図5-2 ディープバイトの歯（上）と歯茎（下）

ディープバイトの人は、前から見るとほとんど上の前歯だけしか見えません。また、口も「縦」に開けにくく、横に広がりがちになるため、上の前歯が目立ち、「口が大きい」という印象になります。頬骨が高く、ほうれい線が目立つ顔にもなりがちです。

　ほかにも、強く噛みしめるため顎関節症のリスクが大きくなりやすいほか、物理的に口内を噛んで傷つけたり、虫歯や歯周病にもなりやすいそうです。

　また、口の中の上下の空間が狭くなっているわけですから、当然、舌の上下の可動域も狭くなり、舌を持ち上げる筋力がつかず、舌小帯も切れにくくなります。そして、その状態を放置していると「上顎前突」（いわゆる出っ歯）を引き起こすこともあるのです。

▶上顎前突（出っ歯）とは

「出っ歯」と一言で言っても、歯が前に出ているタイプ（歯性上顎前突）と、歯茎が前に出ているタイプ（骨格性上顎前突）の２つがあります。ちょっと難しい言葉なので、この章ではわかりやすく、歯が前に出ているものを「出っ歯」、歯茎が前に出ているものを「歯茎出っ歯」と簡略化して呼ばせていただきます。

　どちらにせよ、口を閉じようとすると上唇が覆いかぶさってくる形になりますから、いわゆる「口を閉じる音」が出しにくかったり、鼻の下を伸ばしたような妙にこもった声になったりしがちで、当然、声を使った仕事には向きません。

こうした上顎前突について、以前の私は、歯が出ているタイプは矯正で治せるけれど、歯茎出っ歯のタイプはワイヤー矯正では無理らしいから、顎変形症手術しかないのだろうなあと思っていました。

　でも、顎変形症手術は、骨を削る大手術です。2週間以上も流動食をしいられるとか、1ヵ月ぐらい顔が腫れて何もできないという話も聞かされていましたので、上顎前突がひどい生徒さんを見てもなかなか手術を勧める気になれず、正直打つ手なし……と思っていました。

　ところが、最新の矯正方法には、これらの問題にも立ち向かえるすばらしいものがあるのです。それが「インビザライン」という、マウスピース型の矯正です。

▶インビザライン矯正とは

　インビザライン矯正とは、よく見かけるワイヤーによる矯正ではなく、プラスチック素材の透明なマウスピースを使う歯列矯正法です。ただし、従来からあるマウスピース矯正とも少し違います。

　従来のマウスピース矯正は「夜寝るときだけはめる」とか、「2〜4週間ごとに型を取り直す」ようなものでした。しかし、インビザライン矯正は、夜だけではなく、ほぼ1日中、着用するものです。

　そして、まず治療前に、コンピューターを使って治療の過程をシミュレーションし、最終的にどんな歯並びになるかを患者とともにしっかり確認します。そのうえで、治療の進行にあわせた60〜70個の型を作り、2週間前後の間隔

で、次々とピースを取り替えていきます。患者にとっては事前に完成形も見えますし、より理想的な形にするための方法をしっかり話し合えるので「矯正が終わってみたら出っ歯になっていた」などという悲劇はなくなります。ほかにも、従来の矯正と比べてその利点はいくつもあります。では、インビザラインでできることと、その問題点を説明していきましょう。

▶要注意！　歯科医にも得意不得意がある

　インビザラインは日本に導入されてからまだ15年もたっていない（一説によると2006年とのこと）ので、すでにこの方法を得意としている腕のいい歯科医もいれば、ワイヤー矯正の片手間にやっているだけとしか思えない歯科医もいるというのが実情のようです。

　インビザラインを得意とする先生だと、上顎前突の歯茎出っ歯タイプやディープバイトは治せますし、受け口・切端咬合もある程度は治せます。治療時間も、場合によってはワイヤー矯正より短いこともあるといいます。一方、あまりインビザラインが得意でない先生にあたった人に聞いたところ、「ワイヤー矯正よりも時間がかかるし、程度がひどい場合はインビザラインでも治らない」と決めつけられてしまったそうです。

　しかし、歯茎出っ歯や受け口など、顎変形の程度が厳しい場合は、ワイヤー矯正ではまず治らず、従来は顎変形症手術しかないとされていたわけですから、たとえ時間がかかったとしても、どこまで治せるかが「見える化」できる

インビザライン矯正から考えたほうがいいと私は感じています。

実際、こんな例がありました。

声がこもって滑舌もなかなかよくならないと悩む声優志望の大学生が、セミナーにいらっしゃいました。彼女は歯茎出っ歯のタイプでした。そのため、本人は気がついていなかったのですが口が閉じきらず、いつも薄くぼんやりと開いていました。無理に閉じようとすると鼻の下が伸びてしまいます。これでは声はこもるし、舌も下がったままですから滑舌が改善するわけもありません。さて、どうしたものかと思いましたが、若い女性だけに、声優になれるかどうかは別にして、歯のほうは治せるものなら治したほうがいいと思い、「矯正で治せるか、いくつか歯医者さんに聞いてみたら？」と提案しました。正直なところ、手術しかないかとも感じていましたが、まだ1年生でしたので、うまくいけば大学生の間にきれいに治る可能性もあると思ったのです。

彼女はすぐに矯正歯科医に行ってくれました。しかし、最初の歯科医は「歯並びは問題ないですね」と言って、何もしてくれなかったそうです。しかしその後、歌や滑舌のレッスンを続けるなかで、口内を頻繁に噛むようになりました。このままではストレスが大きすぎると、また別の歯科医に行ったところ、「この年齢では矯正は遅い」と言われ、「親知らずがあるから噛むのでしょう。親知らずを削りましょう」ということになったそうです。でも、当然そんなことでは治るはずもなく、その後も状況は悪化して、

毎日、口の中が血だらけになるほど噛むようになってしまったのです。

さすがに彼女の母親が心配して、ネット検索で見つけ出した矯正歯科が、大当たりでした。その歯科医は彼女の歯を一目見て、「ディープバイトだから矯正しましょう。遅いなんておかしいですよ。十分間に合います。上歯茎も引っ込みますよ」と言葉をかけたそうです。そして、この歯科医こそ、インビザラインを得意としている人だったのです（こういう点では本当にネット社会はすばらしいですね。以前なら口コミかTVで紹介してもらわないかぎり、そのような名医の情報を一般人は知りえませんでしたから）。

インビザライン矯正を開始してたった３ヵ月ほどで、彼女の上の前歯はほんの気持ち、引っ込みはじめました。口の縦開けもだいぶ楽になり、しゃべりやすくなったと言っていました。そして１年たったいま、口元がかなりすっきりして、正直に言えば、以前と比べてとてもきれいな顔立ちになってきました。あと、もう１年もすればどう変わるか、本当に楽しみです。

▶ポカン口とディープバイトの連鎖

ところで、彼女のようにディープバイトが歯茎出っ歯（正しくは骨格性上顎前突）を引き起こしてしまうメカニズムは、こう考えられます。

まず、前提としてポカン口（低位舌）があり、そのために舌が下がって、常時、下の歯を押しつづけます。このような場合、普通は切端咬合や受け口などの反対咬合になる

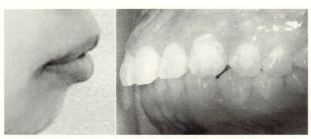

図5-3 ポカン口とディープバイトによる「歯茎出っ歯」

のですが、彼女の場合は嚙み合わせが深すぎるディープバイトが重なったので、覆いかぶさった上の歯茎もろとも押されて、歯茎が前に出てしまった……というわけです（図5-3）。

　そう、私たちが思っている以上に骨は柔らかく、舌の押す力は強いのです。彼女も子供の頃は、まったく上歯茎は出ていなかったのに、大人になるにつれてだんだん出てきたそうです。

　おそるべし、ポカン口です。

　ただ、歯科医のなかでは、骨格性上顎前突の原因の大半は生まれつきのものであるという見方もまだまだ多く、実際、彼女の場合も、直接の原因であるディープバイトすら見抜けなかった矯正歯科医もいたぐらいなので、ポカン口とディープバイト、歯茎出っ歯の関係は、まだ一般的な知識ではないのかもしれません。

　でも、この関係性は覚えておいてまったく損はない知識

です。彼女のこの言葉が、それを痛いほど証明しています。
「本当にいま、小さい頃の私に会って、言いたいです。『これから苦労するんだから、ちゃんと口を閉じて、舌を上歯茎に収めておきなさい』と」

　というわけで、現在の私は、矯正の相談をされると、「まずはインビザライン矯正の先生に相談して」と答えています。受け口・切端咬合などは、たしかにワイヤー矯正でもできますが、インビザライン矯正のほうが歯茎からしっかりカバーする分、より向いている気がします（以前から私が問題視していた「切端咬合気味」という状態——上の前歯の裏側に、下の前歯の先端が当たってしまう軽度の切端咬合——も、インビザラインなら対処できる可能性があるので、相談する価値はあると思います）。

　もちろん、ワイヤー矯正ではできても、インビザライン矯正ではできないこともあるかもしれません。どんな場合でも、絶対にインビザライン！　と言うつもりはありません。ただ、矯正は大変お金がかかり、リスクもともなうものです。だからこそ、始める前にいくつもの歯科医で相談して、最善の方法をチョイスするのはあたりまえのことです。その際に、まずはインビザラインの歯科医にいくつかあたってシミュレーションをしてもらい、そのあとワイヤー矯正も確認するという順番にしたほうが、よりよい治療法が見つかる可能性が高いのではないか、と提案しているわけです。

　なお、子供の場合は、大人の歯に生え替わる頃からインビザラインを始められるそうです。ただ残念ながら、まだ

新しい矯正方法なので、東京・名古屋・大阪など大都市圏ではよい歯科医も多いのですが、地方ではそもそも導入しているところが少ないようです。早く全国的に普及するように願ってやみません。

▶インビザラインの利点

　では、最後にインビザライン矯正の利点をまとめておきます。
・透明なので至近距離でもほとんど気づかれない
　　私も実際、まじまじと見ないとわかりませんでした。ワイヤーだといじめが気になる親御さんも安心です。しゃべるときも、慣れればさほど違和感はないようです。
・約30秒で取り外しができる
　　人前に出る仕事や、しゃべる仕事の人でも、気兼ねなく使えます。
・虫歯の心配がない
　　簡単に取り外しができるので、ワイヤーのように食べ物が詰まってそこから虫歯になる心配もありません。
・とにかく痛さが違う
　　ワイヤーは痛くて我慢できないという人もいますが、インビザラインは取り替えた初日の軽い違和感・圧迫感だけですむようです。
・金属アレルギーの人でも心配がない
　　そもそも金属を使っていないので当たり前ですが。
・スポーツ中も気にならない

金属ではないので、ぶつかって口の中が切れるという心配がありません。
・通院頻度が少なくてすむ
　ワイヤー矯正や従来のマウスピース矯正では、通常２〜４週間に１回の通院が必要です。しかし、インビザライン矯正は２週間に１回程度のマウスピース交換は自分でできるので、通院は２〜３ヵ月に１度ですみます。したがって遠方の人でも負担が軽くなります。ただし、治療方針が決まるまでは、続けて何回か通う必要はあるようです。
・料金がワイヤーより若干安価
　病院にもよりますが、一般的には、ワイヤー矯正がおよそ100万円のところ、インビザラインは90万円程度のところが多いようです。

　お金の話が出たので、医療費控除などの話もしておきましょう。

　歯科矯正は大人になってからだと、どうしても「審美矯正」と見られてしまうので医療費控除の対象外になりますが、子供の場合は「成長を阻害しないために必要」と認められた不正咬合の歯列矯正は、医療費控除の対象になります。つまり、10万円以上かかったものは、所得税の一部が還付されます。

　また、子供の場合は矯正費用そのものも、大人の６〜７割程度に安くなることがほとんどです。

　そして、厚生労働省に「先天性の特定疾患」と認められている原因によって生じたディープバイトなどでは、健康

保険の適用となるケースもあります。当然、収入に応じて、自己負担限度額を超えた治療費は高額医療費制度で還ってきます。ただし、このあたりは個別の事情によって大きく違ってくるところですので、担当医と相談してください。

いずれにせよ、子供のうちにやっておいたほうが、肉体的にも精神的にも金銭的にも、圧倒的にお得なのは、間違いありません。

▶顎変形症の手術をするときは

ここで、「顎変形症」にも触れておきます。

顎変形症とは、これまで述べてきた舌の問題に起因するものだけでなく、遺伝や外傷など、さまざまな原因によって起きた顎の変形をひとまとめにした症状です。その種類は、上顎前突（出っ歯）・下顎前突（受け口など反対咬合）・開咬症（歯の間が不自然に開いている）・非対称症・下顎後退症（小下顎症）などで、これまで見てきたものと重なるものも多いのですが、症状の程度はより重い場合があります。

前述のように、近年は手術をしなくとも、インビザライン矯正である程度は治せるという希望が見えてきましたので、まずは矯正歯科に相談するのがいちばんだとは思いますが、生まれつき変形がある場合や、外傷などによる影響の場合は、矯正では無理ということになる可能性も高いと思われます。その場合は、手術という選択も視野に入れざるをえないでしょう。

そこで、ちょっと怖い話ですが、手術についても簡単に説明しておきます。

> ただし繰り返しますが、ポカン口を治し、子供の頃からしっかり舌を使っていれば、そこまで大事になる確率は減ります。また、これらの症状は前述したアデノイド顔貌ともかなり共通点がありますから、ふだんからお子さんの鼻のチェックも怠りなく。

顎変形症手術の治療の目的は、ずばり、嚙み合わせや咀嚼機能の改善です。ですから、この手術は保険適用になります。

手術する時期としては20代前後が理想的ですが、場合によっては、40〜50歳ぐらいまでは可能だということです。

治療の順番としては、第1段階では、歯科矯正で歯並びを治すことになります。歯並びがガタガタの状態で手術を受けても、また顎が元に戻ってしまうからです。これに1〜2年かかります（残念ながらこの段階で保険適用となるのは、歯の表面からのワイヤー矯正のみです）。

第2段階が、顎変形症の手術です。4〜5時間ほどかかる大手術になります。骨をカットするわけですから、術後の出血もひどく、顔もかなり腫れあがります。数日は点滴のみで、その後も流動食となりますが、口内にたえず出血があるため、とても食事をする気になれないそうです。術後、1〜2週間ほどで退院となりますが、1ヵ月くらいは口も開けづらく、まともにものが食べられないとか……。

普通の生活に戻れるのは3ヵ月後くらいのようです。

　第3段階は、術後の調整として、固定用矯正器具で顎が動かないように固定します。術後1～2年は固定のための治療を継続するようです。

　最後に、埋め込んでいるプレートを外す手術をします。

　ただし、以上はあくまでも一例で、症状によっては違う経過もありえます。

　書いているだけで体中が痛くなってきそうですが、前述のとおり顎変形症は、公的医療保険の対象になります。よって普通の矯正より、金額的にはかなり安くなります。

　普通の矯正は100万円以上かかってしまうのが通常ですが、顎変形症の場合、「矯正・入院費用・手術費用」など、すべてを合計して50万円以下です。しかも、高額医療費制度も適用できるので、きちんと計算して行動すれば、トータル40万円程度で収まります。

　なお、顎変形症の人は、やはりというか、ほとんどの人が低位舌になっているそうなので、手術後は医師に「舌は必ず上に上げておいてくださいね」と言われるそうです。せっかくこんなに苦しい思いをして手術しても、低位舌のままでは、いつか元に戻ってしまうからです。舌って本当に、強いパワーをもっているのです。

▶骨隆起（下顎骨隆起）の手術について

　こちらは、ある程度大人になってからの問題です。

　実は私には「嚙みしめ癖」がありました。この癖があると、口内の骨が押されて、妙なところが膨らんできます。

第5章 「舌力」がつかない理由　③歯並びの問題

　私の場合は、上歯茎の真ん中あたりがボコッと膨らんでいました。つらつら考えると、このボコッとしたものの存在には、高校生か大学生の頃にはなんとなく気がついていました。でも、口内を人と比べることなどありませんので、「みんなそうなっているもの」と思い込んでいたのです。

　みんなと違う……ということに気づいたのは、実に20代も終わりの頃でした。歯医者で治療中に、「私の家系は遺伝的に歯が弱いらしく、入れ歯の人が多い」といった話を先生としていたら、「篠原さんは骨が出てるから、総入れ歯は無理だね」とおっしゃられたのです。上歯茎にピタッとくっつかなければならない上の歯の入れ歯は、私の場合、ボコッと出ている骨が邪魔で作れないというわけです。私はそのとき初めて、この上歯茎の膨らみは自分に特有のもので、普通の人にはないということを知りました。

　幸いなことに、上歯茎の骨隆起は、滑舌にはほとんど影響を与えません。しかし、これが、下の前歯の付け根あたりにできる「下顎骨隆起」の場合は、かなりの悪影響があります。滑舌は、ラ行以外は、舌の先端を下の歯の根元あたりに置かないと、きれいな音が出ないのですが、下の歯の根元に大きな骨隆起があるとそこに舌を置けず、いわゆる「舌が浮いた音」になってしまうからです。

　実際、その場所で骨隆起が年々育ってしまって、「昔よりなんだか滑舌が悪くなってしまった」というアナウンサーがいらっしゃいました。初めて見たとき、さすがの私も、その大きさに驚いてしまったぐらいのものでした（図5－4）。

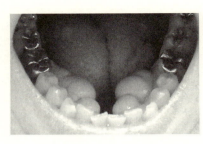

図5-4
巨大化した下顎骨隆起

　この骨隆起の治療は切除手術をすることになりますが、その手術は医師によって、ずいぶん大事になったり、簡単にすんだりします。骨隆起の大きさにも多少は関係あるかもしれませんが、大学病院に行くと、より大変なことになるようです。以前、このアナウンサーよりはもう少し小さい突起があった人が、片側ずつ取って1回2000円×2回ぐらいですんだと聞いていたのですが、件のアナウンサーは医科歯科系の大学病院に行ったところ「全身麻酔の手術と術後7〜10日の入院が必要。治療費はざっと10万円はかかる」と言われたそうです。その金額の差にはびっくりしてしまいましたが、それでも手術は無事にすみ、口内もすっかりきれいに広くなって、本人は「四畳半から3LDKに引っ越したようだ」と喜んでいらっしゃいました（図5-5）。滑舌もすっかり安定して、仕事の支障もなくなりました。

　ただ、ちょっと後日談がありました。手術担当の医師が「骨隆起は、総入れ歯を作るときは邪魔になるから取ったほうがいいけれど、滑舌には関係ない」と言ったそうなの

第5章 「舌力」がつかない理由　③歯並びの問題

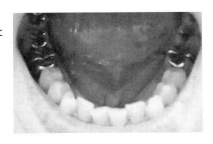

図5-5
下顎骨隆起を切除したあと

です。本人、「関係あるに決まってるのに！」と、少し怒っていらっしゃいました。たしかに、これだけ邪魔な骨が滑舌に関係ないわけがありません。滑舌とは「舌が滑らかに動く」ことです。こんなところに、こんな障害物があったら到底、滑らかには動きません。本人もそれで大変苦労していたので、怒りたくなる気持ちは、痛いほどわかります。

　もう一人、このアナウンサーにも負けず劣らずの大きな骨隆起（図5-6）があった方は、個人のクリニックで手術をしてもらいました。そこでは片方ずつカットすることになり、何度かクリニックに通う必要はありましたが、大学病院の「全身麻酔で入院1週間」に比べると、はるかに簡単でお安くすみました。片側の手術が1回5000円×2回ですんだそうです（保険適用）。

　ちなみに、この方の手術には「PRP」という特殊な方法が使われたそうです。採血してつくった自分の血小板を、手術した歯茎に注入することで、血小板が接着剤代わりになり、切ったあとがすぐに落ち着き、とてもきれいになる

そうです。その分は自費で片側につき1万円追加したそうですが、切った翌日の写真がこちらです（図5-7）。腫れもなく、あまりにもきれいなのでびっくりしました。私も自分の骨隆起を切るときは、この方法を試してみたいと思いましたので、ご参考までに紹介しておきます。なお、図5-8は、この方が切り取った骨です。

　ちなみに、骨隆起の手術をした人は、ほとんどが、その後、舌小帯を切る手術もしています。骨隆起のせいで舌が動かなかったからか、嚙みしめ癖のせいで動かなかったの

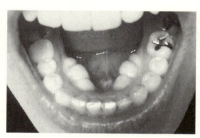

図5-6
かなり巨大化した下顎骨隆起

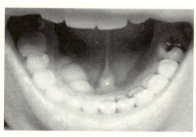

図5-7
下顎骨隆起の片側を切除した翌日

第5章 「舌力」がつかない理由 ③歯並びの問題

(図5-8)
図5-7の手術で切除した骨

(図5-9)
下顎骨隆起の影響で残った舌小帯

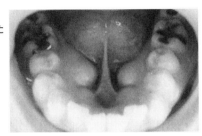

かは定かではありませんが、やはり、舌をあまり動かさない生活を続けていると、舌小帯が残ってしまうというのは間違いないようです（図5-9）。

▶口蓋垂の不思議

口蓋垂とは、いわゆる「のどちんこ」のことです。これについては、舌とは何の関係もないことなので本当に蛇足になってしまうのですが、ちょっと驚いたことがありましたので、これもご参考までに。

以前、ハスキー声に悩んでいた女性の相談を受けていたことがあります。そう聞くとすてきな声のようにも思えま

すが、かなりしゃがれた、かすれた声で本人にとっては苦痛だったのです。

その方の喉を見ると、やたら狭く、口蓋垂が垂れ下がっていました（図5-10）。「ハスキー声と何か関係がある気がする」と思い、とりあえず声帯の専門医のところに相談に行くよう勧めたのですが、診てくれた医師は、喉の狭さには何も言及しなかったそうです。

それで、このときはそれきりになってしまったのですが、最近、別の人から、驚きの手術をしたという話を聞きました。

なんと、睡眠時無呼吸症候群を改善するために、口蓋垂をレーザーで切除したというのです。声楽をやっていらっしゃる方なのですが、担当の耳鼻科の先生が言うには、「声の通り道に塞がる巨大な肉のカーテンがなくなるから歌にもいいよ」とか。術後は、懸案のイビキも、夜の無呼吸も改善したそうです。

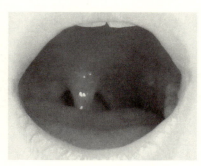

図5-10
大きく垂れ下がった口蓋垂

第5章 「舌力」がつかない理由　③歯並びの問題

　私も切ったあとを見せてもらいましたが、口蓋垂がきれいさっぱりなくなっているのは、摩訶不思議な感じがしました。
　しかし口蓋垂には、喉を潤す作用もあるし、食べ物が鼻に行かないようにする、また、歌にも必要という意見もあります。ですから、本当に取っても大丈夫なのかと私などは少し心配してしまうのですが、なくても大して困らないものでもあるらしいのです。事実、イビキや無呼吸症候群に悩んでいる方のなかには口蓋垂が肥大しているという人もかなりいて、そのような場合には切ってしまうことも多いようです。
　そんな話をセミナーのときにしたところ、「私はのどちんこがぷらぷら揺れて、ときどき喉にペタッと張りつくことがあるんです」という人まで現れました。なるほど、それでは発声のときにさぞかし邪魔だろうと思う一方で、こんな小さな部位にもこれだけの個人差があるなんて、と、人体の不思議を思い知りました。
　さて第3章からこの章まで、かなり長くなってしまいましたが、これらの問題を抱えていると、いくら頑張っても、残念ながら舌力をつけることは大変難しくなります。
　逆に言えば、これらをクリアすると、びっくりするほど楽に舌力の向上が見込めます。ということは、幼いうちから気をつけていれば、第1～2章で説明してきた諸問題もそもそも発生しない――ということになるわけです。
　そのことを一人でも多くの人に知っていただきたいというのも、私がこの本を書いた大きな目的のひとつでした。

ご自身やご家族、とくに小さいお子さんにこうした問題が疑われたときは、ぜひ早めに対応していただきたいと思います。「もっと早く知りたかった」「なんで誰も教えてくれなかったのか」、そんな嘆きが、少しでも減ってくれるようにと、願ってやみません。

　では次章は、いよいよ舌力アップのための舌の筋トレに入ります。

第6章
効果絶大!
舌力トレーニングを
やってみよう

ここまで読んでくださったみなさんには、舌のパワーがいかに重要であるかは、十分にご理解いただけたことと思います。では、お待たせいたしました。いよいよ「舌の筋トレ」を始めることにいたします。

　まず、次のものをご用意ください。

用意するもの

- 立てかけられる大きめの鏡
- 100円ショップなどで売っている普通の太さのストロー
（一つ一つ紙袋に入っているものは少し細くて硬いので、100円で100本入り程度のお安いものにしてください）
- 水を1/4〜1/3入れたペットボトル
- タオル（ハンカチやティッシュでもかまいません）

　ただし、最初の「準備運動」は、鏡さえあればOKです。「とりあえず準備運動だけやってみようかな」と思われた方は、すぐに本書を持って、鏡の前に移動してください。

　準備運動は、「唇の筋トレ」からスタートします。

　舌力が足りない人は、ほとんどが、唇を縮める力も足りません。「舌の幅を縮める力」と「唇の幅を縮める力」は、ほぼ連動しているからです。ポカン口や低位舌の人は、口の中で舌がだらんと下がり、口中に広がってしまっていますから、当然、口もだらっと広がったままになっています。そして、ふだんから口を縮めるという作業をほとんどしていないので、発声する音も、もっさりしていて前に飛ばず、口角も下がり、唇も分厚くなってきます。

第6章　効果絶大！　舌力トレーニングをやってみよう

というわけで、まずは唇を縮める訓練が必要なのです。

準備運動1 ／ 唇を狭める運動

まず鏡の前で、軽く姿勢を正して座ってください。

> これは、すべてのトレーニングに共通する基本準備の姿勢です。以後、いちいちは書きませんが、最初は必ずこの姿勢をとってからスタートしてください。

（1）口を「おちょぼ口」気味にして、しっかり閉じてください。そのとき、舌が上歯茎についていることを感じましょう。舌の先端は上の歯の裏あたり、そして、犬歯のところから、奥歯のほうまで一つずつついていることを確認してください。

（2）舌が後ろまでついていることを確認できたら、口をいったん緩め、すぐに口の横幅を縮める力を、きゅっと入れます。「鼻の幅」くらいに縮めてくださいね（図6-1）。

図6-1
口の横幅を「鼻の幅」くらいに縮める

このとき、口は変に尖らせず、唇の力だけで縮めるのが理想です。口が尖るということは、唇の筋力ではなく、顔中の筋肉を総動員して唇を縮めている可能性があるからです。

　とはいえ、はじめのうちはなかなか難しいと思いますので、少し尖った唇になってもかまいません。ただし、そのときの唇の力はちゃんと感じて、徐々に唇の力だけで縮められるように意識してください。

（3）しっかり縮まったことを感じたら、いったん緩めます（図6‐2）。

　このとき、口を変に引っ張らないこと。実は、口を広げることは簡単で、縮めるほうが圧倒的に難しいのです。ですから口を緩めるときは広げることは意識せず、縮めるときにだけ力を入れるようにしましょう。

　では、唇を「縮める／緩める」という動きを、繰り返してください。縮めるときは思いっきり早く閉じ、ゆったりと力を抜いて緩める。これを繰り返します。口がうっすら

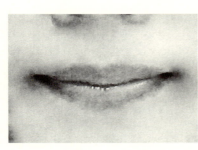

図6-2
緩めるときは、力を入れない

第6章　効果絶大！　舌力トレーニングをやってみよう

とでも開かないよう、注意してくださいね。

　可能であれば、口を縮める瞬間に、目を「笑顔の目」にしてください。基本的に、どのトレーニングも無表情でやるのはNGです。無表情だと、筋力も緩んで垂れてしまい、訓練の負荷が減って効果が薄くなるからです。

　もちろん、舌は下がってこないように。そして必ず、口の中の左右の中心に置くことを意識してください。舌が曲がると、口元も曲がりますから、鏡を見て曲がっていないか確認しましょう。

　最初は、口や顎が痛くなるかもしれませんが、10回くらいは頑張ってください。楽にできるようになってきたら、20回くらいは続けましょう。

　どうしてもうまくいかなければ、指で口角のあたりを押しながらやってみてもかまいません（図6-3）。縮めるときに、指で思いっきり押してください。唇が鼻の幅くら

図6-3
うまくいかなければ、指で
口角あたりを押してトライ

いまで縮んだとき、下唇が逆三角形になっていればOKです。指に変な力を入れすぎて、口が開いたり、ゆがんだりしないよう注意してくださいね。

　鏡を見なくても、ちゃんと縮めることができるようになったら、気がついたときにいつでもどこでもやりましょう。歩いているときやトイレの中など、ほんのちょっとした時間にやるだけでも違ってきます。

　ただ、最初のうちは、鏡を見ていないと唇をきちんと縮めることができない人が意外なほど多いので、たとえば歯磨きのあとなど、洗面所の鏡の前にいるときにやることをお勧めします。

　口を縮めるときに「笑顔の目」がしっかりできるようになれば、顔全体のたるみ防止にもなりますよ。

唇を狭める運動　—まとめ—

1) 口を閉じて「おちょぼ口」気味にし、舌が上顎に全部ついていることを感じる
2) 口をいったん緩めたあと、きゅっと力を入れて、すばやく口の横幅を鼻の幅まで縮める（目はなるべく「笑顔の目」に）
3) 下唇が逆三角形になっていることを確認して、口を緩める
※以上を10〜20回繰り返す。どうしてもうまくできなければ、縮めるときに指で口角を押してやる

第6章　効果絶大！　舌力トレーニングをやってみよう

準備運動2 ／ 舌と唇を同時に狭める「アカンベー運動」

　準備運動はもう一つあります。今度は、舌と唇を同時に狭める運動です。

（1）まず、「アカンベー」をしてください。口は開けないように（図6-4）。舌小帯が強すぎなければ、しっかり前に出るはずです。

図6-4
口を開けないように「アカンベー」

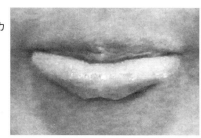

（2）舌を出したまま、口の幅を狭めます。すると、自然に舌の幅も狭まって棒のようになります（図6-5）。「舌

図6-5
口の幅を狭めると舌も棒のようになる

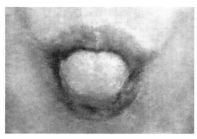

を棒にする」と意識するのではなく、あくまでもアカンベーしたまま「口の幅を狭める」と思ってください。このときも、無表情にならず、なるべく目は笑ったままにしてくださいね。

　これを10回くらい繰り返しましょう。

　口幅を縮めると舌が引っ込んでしまうなど、どうしてもうまくいかない人は、一度、口をしっかり閉じて「おちょぼ口」にし、舌は上顎に全部張りつけたまま、口の中で棒のように細くしてください。そのまま、口幅は変えずに舌を出せば、図6-5のように、舌が棒のようになって出てくるはずです。

　なお、これがどうしてもできない人は、舌小帯が強すぎるか、上顎前突など、嚙み合わせに問題がある可能性が高いです。

　舌幅が狭くならないと、声を発するときに下顎を出したり、鼻の下を伸ばしたりと、おかしなことをしてカバーしようとしてしまいがちです。すると当然、滑舌は悪くなり、こもったような声になりやすいので、頑張ってください。

　きれいな棒状にならない場合は、いったん、このあとの「本番1／ストロー吸い運動」に移行します。この運動を1〜2週間も続けると舌力がついてきますので、それから「アカンベー運動」に戻れば、舌を棒状にできるようになるはずです（それでもどうしてもできない人は、舌小帯問題を抱えている可能性が高いと思われます）。

第6章 効果絶大！ 舌力トレーニングをやってみよう

> **舌と唇を同時に狭める「アカンベー運動」 ―まとめ―**
>
> 1）口を閉じたまま、「アカンベー」をする
> 2）舌を出したまま、口の横幅を鼻の幅まで狭める
> ※以上を10回くらい繰り返す。どうしてもうまくいかなければ、口を「おちょぼ口」の状態で閉じ、舌は上顎に張りつけたまま口の中で細くして、その形のまま舌を前に突き出す。

以上で準備運動は終了です！

本番1 ／ ストロー吸い運動

　さあ、いよいよここからは本番の、「舌の筋トレ」です。しっかり続ければ、舌に効くだけでなく二重顎も消え、顔のラインがすっきりしてきます。では、さきほどご案内したストローなどの道具を、準備しましょう。

　最初のメニューでは、ストローを半分に切ったものと、タオルを使います。ストローは長いままでもいいのですが、扱いにくいので、ここでは半分に切ります。タオルは、このトレーニングをすると、よだれが垂れることがあるので、それをふき取るためのものです。

　なお、このトレーニングには、おもに舌の後方を鍛える「後方訓練」と、舌の前方を鍛える「前方訓練」があり、両方をあわせて1セットとなります。まずは「後方訓練」から始めましょう。

【後方訓練】

（1）ストローを口の中に入れます。舌のど真ん中を通るようにして、痛くない程度まで奥に入れましょう（図6-6）。口はしっかり閉じたままです。口から出ているストローの先がもし変な方向を向いていたら、舌が曲がっている証拠なので、鏡でしっかり確認してください。

（2）舌でストローを包み込むようにして、なるべく隙間があかないよう、上顎につけた状態をキープします（図6-7）。ただし、舌の最先端の表面側だけは、下の歯に軽く触れています。

（3）正しい状態になっていれば、ストローは、少し下向きになっているはずです。

（4）口の外に出ているストローの先を、指の腹で閉じます。空気が漏れないように、しっかり閉じてください。

（5）思いっきり「舌の力」で、空気を吸いましょう（図

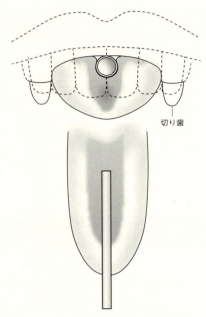

図6-6 ストローを舌の真ん中を通るように奥まで入れる

切り歯

第6章 効果絶大！ 舌力トレーニングをやってみよう

6-8)。このとき、舌はストローを上顎に下からも横からもぐっと押しつけた形になりますので、どこにも隙間はなくなります。ただし舌の最先端だけは、下の歯に軽くついたままです。

すると、ストローがペタッとつぶれます。同時に、顎の下あたりが、持

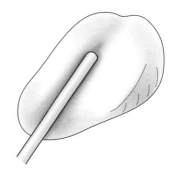

図6-7 舌でストローを包み込むように

ち上がる感覚があるはずです。もし、この感覚を感じなかったり、ほっぺたが異常にへこんだりした場合は、舌が口の中でだだっ広くなってストローを下から押しつぶしているだけか、舌の力ではなく頬の力で吸い取っているだけなので、やり直してください。

（6）うまくできたときは、口が「おちょぼ口」になり、顎の下の筋肉がぐっと上がるのが見てとれるはずです（図

図6-8
ストローの先を指の腹で閉じて吸うとペタッとつぶれる

図6-9
舌力で吸えば顎のあたり（矢印）の筋肉が上がる

6 - 9)。

（7）ストローがつぶれたら、いったん吸う力を緩めます。すると、ストローの形が元に戻ります。

これを10回繰り返してください。

【前方訓練】

（1）ストローを少し前に出します。口の中に入っている長さは2cmから2.5cmくらいにします。ストローの先端が、上の歯と歯茎の境目より1センチほど奥にあればOKです。

（2）舌でストローを包み込むようにして上顎にしっかり固定します。このとき、口は絶対に開けないでください。

（3）ストローの先を、指の腹で閉じます。

（4）舌を上顎にしっかりつけたまま、ストローの中の空気を吸い取ります。

（5）今度は、鼻の下あたりにあるストローをぐっと前後左右から押しつぶす感覚になります。ただし、舌の最先端だけはやはり、下の歯に軽くつけたままにしましょう。これで、舌の前方のパワーをしっかりと感じられるはずです。

第6章 効果絶大！ 舌力トレーニングをやってみよう

（6）ストローがつぶれたら、いったん緩めます。
　これも10回繰り返します。
「後方訓練」「前方訓練」を1セットとして、初めは1セットを、つらくなくなってきたら2セットを、1日2回は繰り返してください。
　なお、ストローを浅く入れたとき（前方訓練）のほうが、深く入れたとき（後方訓練）よりちゃんとつぶれるという人が結構います。これは、まさに舌の後ろの筋力が足りない証拠です。ストローを入れる深さの違いでつぶれ方が違う人は、よりつぶれるほうと同じだけつぶれるように、頑張ってみてくださいね。
　洗面台などに、半分に切ったストローを束にしてコップにでも差しておけば、鏡を見ながらできますからおすすめです。しかも、朝晩の歯磨きの後にやれますから、忘れずにすみますしね。
　実はこの訓練、舌力アップはもちろんですが、二重顎の改善にも、即効性があります。二重顎がかなり目立ってきてしまった男性が、ちょっと頑張ってこの運動を朝晩3セットずつ続けたところ、タプタプだった顎が、たった2週間で驚くほどすっきりしました。その変化を傍で見ていた奥様が、「私もやろうかしら」と言い出したぐらい変わったのです（図6 - 10）。
　また、口元の筋肉も同時に鍛えられますから当然、口角も上がりますし、ほうれい線も薄くなります。しかも、声のトーンまで明るくなってきます。大人にとっても子供にとっても、大変効果のあるトレーニングなので、お子さん

図6-10 ストロー吸い運動のビフォーアフター
たった2週間で左から右へ変化！

がいらっしゃる方はぜひ一緒に、楽しみながらやっていただければと思います。ただし、よだれまみれになりますから、タオルはお忘れなく（笑）。

なお、この運動も無表情にならないよう、なるべくにこやかな目元を意識してやってください。「真剣にやること」と、「無表情でやること」はまったく別物ですから。

最終的目標は、ストローなしで、舌だけで同じような力を入れられるようになること。そうすれば、歩きながらでも、掃除しながらでも、いつでもどこでも簡単に訓練ができるようになりますからね。

ストロー吸い運動 —まとめ—

【後方訓練】
1）半分に切ったストローを、舌の真ん中を通るように口の中に入れる。痛くない程度に深く入れること
2）舌でストローをしっかり上顎に固定する。口は絶対に開けないように

第6章 効果絶大！ 舌力トレーニングをやってみよう

3) ストローがまっすぐ入っているかどうか、軽く下向きになっているかを鏡で確認する
4) ストローの先を指の腹でふさぐ
5) 舌の力で、ストローの空気を吸いとる（ストローがつぶれる）。このとき、頬の力を使わないように注意
6) 口が「おちょぼ口」になり、顎の下の筋肉がぐっと上がったことを感じる
7) いったん緩める（ストローのつぶれが元に戻る）
　※以上を10回繰り返す

【前方訓練】
1) ストローを少し前に出す（口の中に入っているのは2〜2.5cmくらい）
2) 舌でストローをしっかり上顎に固定する。口は絶対に開けないように
3) ストローの先を指の腹でふさぐ
4) 舌の力で、ストローの空気を吸いとる（ストローがつぶれる）
5) 舌の前方に縮める力が入っていることを感じる
6) いったん緩める（ストローのつぶれが元に戻る）
　※以上を10回繰り返す

　　　　　　　　＊　　　　　　　　　　　　　　＊

【後方訓練】【前方訓練】を1セットとし、1回2セットを1日2回繰り返す。簡単にできるようになったら、ストローなしで同じ力を入れることにもチャレンジしてみる

本番2 / ペットボトルとストローで「楽々」腹式呼吸

続いては、簡単にできる正しい腹式呼吸の練習です。

第2章でも書いたとおり、腹式呼吸とは、横隔膜という筋肉を上げ下げすることで、肺の体積を狭めたり広げたりする呼吸法です。

実は、呼吸というものは、吸うことより、吐くことのほうが重要です。しっかり吐ききれば、自然に吸うことができるからです。そして、息を全部吐ききるには、横隔膜をぐっと持ち上げる必要があります。その上がりきった場所こそが、私が提唱した概念「笑うツボ」です。笑いすぎると痛くなる場所なので、そう命名しました（『「魅せる声」のつくり方』参照）。具体的には、おへそより、げんこつ1個分くらい上のあたりです。

この「笑うツボ」は、鼻をかんだりするときにもぐっと力が入るので比較的わかりやすい場所だとは思うのですが、舌が下がったままの人は、この場所をなかなか感じとることができません。鼻をかむことすらうまくできないという人もいるくらいです。逆に言えば、舌力がつけば、この腹式呼吸の感覚は簡単に身につけることができるものです。

しかし、舌力がまだ完全につききらない段階でも、ある程度、「笑うツボ」のパワーを感じられる方法があります。それが、このペットボトルとストローで行う練習方法です。

では、ストローと、ペットボトルに水を1/4〜1/3ほど入

第6章 効果絶大! 舌力トレーニングをやってみよう

れたものを用意してください。ストローは切らずに、長いままで使います。ペットボトルの代わりにコップでもかまいませんが、思いきり吹いてもらうので、浅いコップでは水がこぼれてしまいます(もし浅いコップしかない場合は、コップをボールやどんぶりなどに入れて、こぼれても大丈夫なようにしてください)。また、自分の口元を確認するために、これまでと同様に鏡も使用します。

(1) ストローをペットボトルに差し込んでください。

(2) 軽く姿勢を正して、ペットボトルを持ち上げます。このとき、絶対に下を向かないよう注意しましょう。ストローは口先につけているだけでなく、いつもより深めに、犬歯のラインよりもうちょっと奥まで入れてください。3〜4cmは口の中に入れる要領です。

(3) ほんの少しだけ、ストローで水を吸って飲みます。舌でストローをしっかり包み込んで、水が口の中に漏れず、ダイレクトに喉の奥に流れるように吸います。このときの、ストローや上顎に舌が張りつく感じを覚えてください。後ろから前まで、しっかり感じてくださいね。

(4) その舌の形を変えないまま、今度はストローに息を吐き入れます。「S—」と無声音の「S」を言うつもりで、力強く吐いてください。このとき、ほっぺたが膨らんだらアウトです。それでは舌がストローをキープできていませんので、何の役にも立ちません。ただし、ストローを下から押しつぶすほどの力は入れないでください。そのような強い力を入れなくても、舌の幅を狭くする力が入れば、ストローは動きません。舌でふわっとストロー全体を

図6-11
口は丸い形にしてストローに息を吐き入れる

包むようにキープするイメージです。

　また、唇がペタンコで横に広がっていないように。口は図6−11のように丸い「おちょぼ口」の形になっているのが正解です。

　そして、このレッスンのときも、目元だけはにこやかに。無表情はNGですよ。

　うまくいかなかったら、吸うところから何度もやり直してみてください。どうしてもできなければ、ペットボトルレッスンをいったん中止し、「本番1」の「ストロー吸い運動」をもう一度やって、舌の幅が狭くなる感覚を思い出してください。

（5）上手にできるようになったら、1秒に1回くらいのペースで、「S—・S—・S—」とスタッカートで何度か強く吐いてみましょう。「笑うツボ」が、ぐっぐっ、とへこんで、大きく動くのを感じるはずです。これが正しい腹式呼吸の吐き方なのです。

第6章 効果絶大！ 舌力トレーニングをやってみよう

（6）最後に、「S――」と、ロングで吐きましょう。15秒くらいでいいでしょう。水がこぼれるのを怖がって呼気が弱くなったら意味がないので、こぼれそうだったら水を少し捨ててから続けてください。

（7）これができるようになったら、今度は「S―」の途中から、「スー」と有声音にしてください。有声になった途端に舌や口の形が変わらないように、鏡を見ながら注意してやりましょう。舌がストローから外れると、途端にほっぺたや首元が膨らんだりします。唇が丸くならずに横に広がって四角くなったり、ぺったんこになったりするのもよくありません。舌や口の形が変わってしまったと思ったら、また水を吸ってやりなおしてみてください。

いかがですか？ うまくできましたか？

（8）ここまでが完璧になったら、最後は「スー・スー・スー」と、有声音のスタッカートで、ブクブクと空気を入れる練習です。このときも、舌をストローと上顎から離さず、ほっぺたも膨らませず、ストローとペットボトルに100パーセント、息を吐き入れるように意識してください。これがうまくできるようになれば、びっくりするくらい、大きなしっかりした声が出せるようになっているはずです。

そして、腹式呼吸でしっかり吐ける舌の形が身につけば、「鼻が悪い・舌小帯が強すぎる」などの外的な問題がないかぎり、低位舌も改善してくるのです。

ペットボトルとストローで「楽々」腹式呼吸 —まとめ—

1) 水を1/4～1/3ほど入れたペットボトルにストローを差し込む
2) ペットボトルを持ち上げ、ストローを3～4cm程度、口の中に入れ、舌でしっかりホールドする
3) 軽く水を飲む。このとき水が頬のほうに行かないように。舌が上顎に張りつく感覚を覚える
4) そのまま「S―」とストローに息を強めに吐く。口が丸く、「おちょぼ口」のようになっていることを鏡で確認する
5) うまくできたら、1秒に1回のペースで、強くスタッカートで吐いて、笑うツボの動きを感じる
6) 最後に吐くときは15秒くらいのロングで吐く
7) 次に、「S―」という無声音のロングの途中から「スー」という有声音にする。舌や口の形が変わらないように注意。変わってしまったと思ったら、また水を吸ってみる
8) 最後に「スー・スー・スー」と有声音のスタッカートで空気を入れる。頬が膨らまず、口も舌もきゅっと縮んだままできるようになったら合格！

第6章 効果絶大！ 舌力トレーニングをやってみよう

ストレッチ／舌の裏を伸ばす

　最後は、ここまでの訓練がうまくできなかった方のためのストレッチです。舌小帯を切るほどではないけれど、普通よりは強すぎるという人は、ここまでの筋トレがどうしてもやりにくかったはずです。そういう方は、この「舌裏ストレッチ」をしばらく続けてみてください。

（1）舌の先端を上の歯の裏側につけます。この上の歯の歯茎の後ろあたりを「スポット」と呼びます。口はなるべく縦に大きく開けてくださいね（図6 - 12）。

（2）舌の先端を、上顎をなぞるように後ろへ滑らせていきます。第4章の「舌小帯チェック」のときほど、大きく開けたままでなくてかまいませんが、決して口は閉じずに、歯の間は最低でも指1本分ぐらいの間は開けてくださいね。

（3）舌の先端が上顎の硬いところ（硬口蓋）から軟らかいところ（軟口蓋）にまで触れるように、頑張ってみてください。硬いところと軟らかいところの境目から2cm以

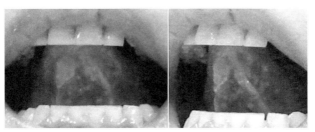

図6-12　舌の先端を「スポット」につけ、後ろに滑らせる

上、奥にいくのが理想です（図6 - 13）。

（4）2〜3回やったら、今度は同じことを、口を閉じたままでやります。

ぐっと後ろへもっていくと、舌の裏の筋が引っ張られて少し痛いと思いますが、我慢できるところまでしっかり伸ばしてください。

これで舌小帯が引っ張られて、自然と切れることもあります。口を閉じるタイプのほうは、人目のあるところでもできると思いますので、歩きながら、あるいは電車に乗りながら、気がついたときにこまめにやるようにしてください。

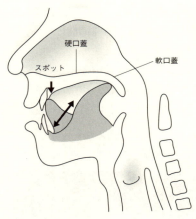

図6-13
舌の先端を硬口蓋から軟口蓋まで滑らせる

第6章 効果絶大！ 舌力トレーニングをやってみよう

舌の裏を伸ばすストレッチ　—まとめ—

1）大きく口を開けて、舌の先端を「スポット」に当てる
2）なるべく口を開けたまま、舌の先端を後ろに滑らす
3）舌の先端が軟口蓋の2cmくらい先までいくよう頑張る
　（これを2〜3回）
4）同じことを、口を閉じたままやる
　※以上を、気がついたときに、こまめにやる

「舌の筋トレ」、いかがでしたか？　どれも簡単にできて大きな効果が期待できる、自信をもってお勧めできるメニューです。とくにストローを吸う運動は、舌の筋力アップに抜群の効き目があります。続けていれば、よく通るすてきな声が手に入り、さらには、口元や顎もきゅっと引き締まってきますから、どうぞ、頑張って続けてくださいね。

第7章 人に好かれる日本語の話し方

▶「日本語の特性」を知ればあなたの印象が変わる

ここまで私は、子供の頃から「ポカン口」「低位舌・前位舌」のままでいると、滑舌をはじめ、いろいろな意味で不具合が起きて損なことばかりだから、子供のうちから意識して治してください、そのために「舌の筋トレ」もしてください——というテーマで書いてきました。

しかし、私がこの本を著した動機は、最初に書いたように、「10年前に教わりたかった」「子供の頃に知りたかった」という人を、一人でもなくしたい、というものです。そのためには、もう一つ、「日本語の特性」についての話をしないわけにはいきません。

実は、これを知らないと、「自分は何も悪いことはしていないのに、なぜか人に嫌われる」といった理不尽な状況を招く原因になってしまうこともあるのです。

ただし、この話をきめ細かく説明しようとすると、アクセントについての専門的な知識までが必要となります。私の生徒さんたちでもウンウンうなってしまうような、ややこしい話です。そこで、そういうややこしいことは抜きにして、日本語本来の「音の動き」というものを説明してみたいと思います。

その要点を少し理解するだけでも、あなたが周囲に与える印象は、ずいぶん違ってくるはずです。

▶「はい」が変わって人生が変わった

こんな人がいました。声のプロをめざして地元で専門学

校に通ったあと、東京に出てきてやはり声の関係の学校に何校か通い、学びつづけていたという当時25歳の男性です。
「なぜだかわからないけれど、どこの学校でも、先生から何となく嫌われているのを感じていた」というのです。そればかりか友人からも、「何を言ってるかわからない」「暗い」とよく言われ、コミュニケーションにも少し苦手意識をもっていたようです。

　そんなわけで、私のところにいらっしゃったのですが、舌の筋トレと滑舌レッスンを始めて半年ほどで、「何を言っているかわからない」のほうはずいぶん改善されました。

　しかし、「暗い」「なんとなく大人から嫌われる」のほうは、残念ながら改善されません。

　実は私には最初から「何が原因なのか」、心当たりがありました。でも、すぐにその話をしても、滑舌の問題だと思い込んでいる本人は腑に落ちないだろうと思い、滑舌がある程度改善されるのを待って、こう聞いてみたのです。
「いままでに、大人の人から『はい』をちゃんと言いなさい、って言われたことなかった？」

　すると案の定、「たしかにそんなことをときどき言われていた」との答えが返ってきました。いったい、何が問題だったのでしょうか。それについてはあとで説明するとして、まずは、その人に取り組んでいただいた「はい改善計画」の結果を先にご報告します。

　２〜３ヵ月ほど、ふだんから徹底的に「はい」を意識し

つづけてくれたおかげで、あるときから突然、それまでのふてくされたような嫌な感じの「はい」は、さわやかでとても感じのいい「はい」に変わりました。正直なところ、これまでの人生であたりまえに発していた音を、25歳を過ぎて変えるのはなかなか大変だろうと思っていました。自分にとっての「あたりまえの感覚」を変えるというのは、誰しも、かなり気持ちが悪いと感じるものだからです。しかし、彼はそこを変えるために、大変な努力をしてみせたのです。

　成果は、すぐに表れはじめました。周りの大人たちの彼に対する反応が変わってきたのです。いつの間にか、アルバイト先の上司にも大変気に入られるようになり、なんと「正社員をめざしなさい」とまで勧めてくれるようになりました。正社員になるためのアドバイスもたくさんしてくれて、最後は上層部に推薦してくれたというのです。それまで、大人とうまくいかないためにさんざん、つらい思いをしてきた彼の人生が、変わった瞬間でした。

　このように、「はい」の返事一つで、大きく人生が変わってしまうことが本当にあるのです。その秘密の一端を、これからご紹介します。

▶日本語の特性——①母音と拍数

　日本語の音の一つ一つは、「ん」などの特殊音を除いて、母音もしくは、子音＋母音で構成されています。
　たとえば、「S」という無声の子音のあとに、「う」の母音を続けて言えば「す」になりますし、「え」の母音を続

けて言えば「せ」になります。当然、子音をしっかり言わなければ滑舌が悪く聞こえますし、母音を短くしてしまっても、「す」だか「せ」だかわからなくなります。

また、同じ母音が続いても、短縮することはありません。

たとえば「いい医者（いいいしゃ）」と言うとき、「い」が3つ続いていますが、「3つも続いているからどれか1つくらいカットしていい」なんてことは絶対にありません。あえて音を文字で表記すれば、「いー・いしゃ」というような言い方をします。2つ目の「い」は言い直すのではなく、1拍分伸ばして「いー」と2拍、言いつづけるのです。このように1つの音に対し、きっちり1拍分ずつ平等に言うのが日本語の特性です。

まあ、私の生徒さんたちのなかにも、文章を読んでいてこういう言葉が出てくると、2つ目の「い」を短くカットして言うような失敗をする人がときどきはいますが、普通にしゃべっている分には、失敗する日本人はほとんどいません。

▶日本語とまったく違う英語の「音のつくり」

それと比べて欧米語は、スペイン語とポルトガル語を除けば、母音をあまり大事には扱いません。

だから、日本人の耳には聞き取りづらいのです。実際、あるネイティブのアメリカ人が、「英語が得意でない日本人と話すときは、わざと母音をはっきり長めに言ってあげると理解してくれる」と言っていました。

ほかにも、欧米語では、日本語にはない「拍の短縮」もたびたび起こります。

　少し古い話にはなりますが、映画『アナと雪の女王』が大ヒットしていたときに、主題歌の歌詞の中にある「Let it go」が「レリゴー」と聞こえるのはなぜかを、国際会議通訳の方に教えていただいたことがあります。

　まず、英語は子音だけで発音する音があります。そして、子音で終わる単語の次に来る単語が母音ではじまり、しかも意味のつながりがある場合は、最後の子音と次の単語の母音がつながって発音されることがあるのだそうです。これを「リエゾン」といいます。
「Let・it」の場合、「レット・イット」にならず、Le〈t i〉tという具合に、「t」と「i」がつながってしまうということです。

　さらに、アメリカ人は「t」の次の母音が弱く発音される音の場合、t が l の音になることが多いので、「ti」は「リ」になりがちです。しかも、子音で終わる単語の子音（この場合は2番目の「t」）は、きちんと発音されない場合があります。

　以上から、「レット・イット」ではなく、「レリ」に聞こえるのだそうです。

　長々と説明しましたが、要するに日本語だったら6拍必要なところが（小さい「ッ」も1拍しっかり待ちます）、たった2拍になってしまうのです。驚きの短縮術です。

　とまあ、こんなにも言語システムが違うのですから、音のつくり方、滑舌なども違ってあたりまえですよね。なの

に、いまの日本では、子供の頃から英語の発音のしかただけを教えられ、母国語である日本語の音のつくり方をきちんと教わりません。だからときどき、「ラ行はrと同じ？」「サ行はthと同じ？」と聞いてくる人がいます。英語の教育も大事かもしれませんが、母国語の発声発音のしかたをおろそかにして、本当に日本は大丈夫なのでしょうか。本書を読んでくださったみなさまだけでも、「日本語と英語の音のつくり方はまったく別物」ということを、ぜひ、よく理解していただきたいと思います。

ちょっと話が脱線してしまいました。

とにもかくにも、日本語は1音の母音と、拍をいかに大切にしている言語かということがわかっていただけたかと思います。母音がちゃんと発音されなかったり、拍が短くなったりすると、まるで外国人のように聞こえたり、冷たい言い方に聞こえたりします。逆に言えば、子音と母音をしっかり言ったうえで、母音に余韻まで残してしゃべると、優しい、柔らかい言い方に聞こえるのです。

▶日本語の特性——②高低アクセント

この章のはじめに、「ややこしいアクセントの話はしない」と書きましたが、ここでちょっとだけアクセントについて説明をさせてください。

英語のアクセントと日本語のアクセントには、決定的な違いがあります。それは、英語が「強弱アクセント」であるのに対し、日本語は「高低アクセント」であるということです。

音楽の授業で、フォルテ（強く）とか、ピアニッシモ（とても弱く）とかを習ったかと思います。そう、音楽にアクセントやニュアンスをもたせるときは、基本的に強弱ですよね。ただし、これらは西洋音楽での決めごとです。つまり、強弱アクセントの言語が主流の欧米だから、音楽でも強弱による表現が基本となっているのでしょう。

　これに対して、日本語は高低アクセントですから、音楽においては、少し難しい状況になります。事実、昔の童謡や、昭和の歌謡曲全盛時代の作詞家・作曲家は、「日本語は音楽に乗せにくい」と頭を悩ませていたそうです。なぜなら、高低のアクセントと、音階が喧嘩をしてしまうからです。そこで、すべては無理でも、歌詞のなかのキーポイントとなる言葉だけはなるべくアクセントに合わせた音にしようと、四苦八苦していたということです。いまは、そこまで悩む人は少ないかもしれませんが、それでも、実際にこんな混乱が起こっています。

　通信販売会社「ジャパネットたかた」のCMソングでは、ご存じの方も多いように「ジャ～パネット♪」と歌われています。この曲は、「ジャ」の音が高く、「パ」の音が下がる音階になっています（これを音階そのままの高低差でしゃべり言葉に変換し、アクセントマークをつけると「ジャ＼パネット」となります）。そのため、アナウンサーやナレーターのなかには、社名を読むときも、CMソングと同じように「ジャ＼パネット」と、最初を高くする「頭高」のアクセントで読む人がけっこういます。しかし、この会社の社員がCMで自社の社名を言うときは「ジャ」は

低く入って、真ん中の「パ」を上げ「ト」で下げる、「ジャ／パネッ＼ト」という「中高」のアクセントになっています。

固有名詞の場合はどれが正解というものはなく、基本的には本人（会社なら社長や社員）が言っているものが正しいアクセントです。すると、あのCMソングは本来のアクセントとは逆の音階を使っていることになります。そのためにこのような混乱が起きているわけです（あのCMソングは社名を耳に入りやすくするため、あえて高い音から入ったのでしょうが……）。

もう一つ。「ブランコ」という言葉のアクセントについても、いま放送業界などでは「ブ＼ランコ」と「ブ／ラ＼ンコ」が混在していて、拮抗している状況です。

これにも、歌がからんでいるのではと私はにらんでいます。

もともと、ブランコは「ブ＼ランコ」という頭高の音ですし、有名な童謡「ぶらんこ」の、「ぶ＼らんこ　ゆれる」という音階を聴いて育った人も当然、「ブ＼ランコ」と頭高のアクセントを意識しているはずです。しかし、1969年に作られ、ビリー・バンバンが歌って大ヒットした「白いブランコ」の音階に親しんだ人は、ふだんも「ブ／ラ＼ンコ」と、歌の音階と同じ中高のアクセントで言うようになったのでは、と考えています。そして、この歌の大ヒットの影響が親から子へと受け継がれ、アクセントの変質を生んだのではないかと思われるのです。このように、高低アクセントの日本語では、本来のアクセントとは違う

音階で表現した楽曲が人々の耳に大量に届くと、アクセントそのものに大きな影響を与えるのは間違いないところです。

ほかにも、ある日本人のオペラ歌手が、「英語で歌うより、日本語のほうが歌いにくい」と話しているのを聞いたことがあります。きっと「日本語に気持ちを乗せようとしても、アクセントが逆になってしまうことがあるから乗せにくい」といったこともあるのではないかと思います。ミュージカルなどでも、アクセントと音階の喧嘩によって、聴いていてちょっとした違和感をおぼえることがよくあります。

音楽のたとえが多くなってしまいましたが、日本語のアクセントが音の上げ下げによる高低アクセントになっていることはおわかりいただけたと思います。

▶日本語の特性──③抑揚も高低

アクセントが高低で表現される日本語では、「抑揚」も高低になります。抑揚は「イントネーション」ともいいます。そして実は、この抑揚こそが、話し手の印象をよくも悪くもする決め手となるのです。

では、抑揚とは何でしょうか。抑揚を理解するには、まず、アクセントとの違いを理解する必要があります。

アクセントは、上げる音をちゃんと上げないとロボット音声のように聞こえ、下がる音の場所を間違えると、訛って聞こえてしまうものです。対して抑揚は、アクセントよりは小さい高低で、柔らかく流れるような動きをするもの

第7章　人に好かれる日本語の話し方

です。そんな小さな動きですが、これが入らないと、不機嫌・反抗的、ぶっきらぼう、拒絶など、悪い印象をもたれてしまいます。

　さらに、日本語の話し言葉には、一つの文章の中にいくつかある「意味の塊」ごとに、語尾に向かうほど音が下がっていくという法則があります。これも抑揚の一つで、こうすることで、落ち着いた安定感のあるしゃべりに聞こえます。

　しかし、アクセントには高低があって上がったり下がったりするのに、全体としては抑揚で「語尾に向かって下がっていく」とは、どういうことでしょうか？

　たとえば、「きょうはよろしくお願いいたします」という文章に、アクセントのマークをつけると、こうなります。

きょ＼うは　よ／ろしく　お／ねがい　い／たしま＼す

　これだけでは、「よろしく」以降は上がり目が3つも続きますから、アクセント通りに読んだら、どんどん上がって大変なことになってしまいますよね。

　実は、2016年に大改訂されたNHKの『日本語発音アクセント新辞典』では、「上がり目は誰でもわかることだし、つけると混乱する人もいるから、あえてマーキングしない」と、上げ目を意識しないようにしてしまっています。しかし前述のとおり、上げ目がないとロボットのような音に聞こえてしまいますので、上げ目は絶対に必要で

す。また、混乱するのは、これから説明する抑揚のことを考慮に入れていないからです。よって本書では、上げ目をきちんと入れ、その代わり、なぜ、どんどん上がって大変なことにならないのかを説明します。

　日本語には、「意味の塊」の中で2番目以降に来た単語（この例文の場合、「おねがい」と「いたします」）は、上げ目を半分くらいに小さく言う、という自然の決まりがあります。この「半分ぐらいに小さく」というのは、ルールとしてはどこにも明記されていませんが、みなさんがふだんしゃべっているときは、べつに意識しなくても普通にできていることです。

　つまり、「よろしくお願いいたします」という意味の塊では、「よ／ろしく」の「ろ」の上げ方よりも、「お／ねがい」の「ね」の上がり方と、「い／たします」の「た」の上がり方が、小さくなるのです。マークをつけるならば、こんな感じです。

よ／ろしく　お/ねがい　い/たしま＼す

　アクセントで上げる「／」と比べ、抑揚で少しだけ上げる場合を本書では、小さな上がるマークの「/」で表現させていただきます。

　しかし、これでもまだ上がるほうが多いですよね。

　実はここで、今度は、下がる抑揚の動きが入ってきます。

　どのように入るかというと、こんな感じです。図7－1

第7章　人に好かれる日本語の話し方

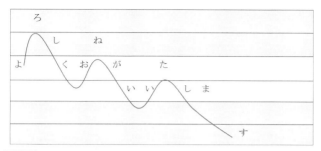

図7-1　アクセントと抑揚

は、アクセントの大きな動きを2段、抑揚の小さな動きを1段で表したものです。

　高いところからリズミカルに、上下に曲線を描きながら低くなっていっているのがわかると思います。そして結局、スタートの音より、最後の音が3段下がります。これが日本語の抑揚です。そしてこれこそが、聞き手の耳に心地よく響く日本語の話し方なのです。
「えー、こんなことしてるかな？」「そんなめんどくさいこと考えてしゃべってないよ」と思った方もいらっしゃるかもしれませんね。でも私たちは、普通にしゃべるときは、本当にやっているのです。

▶抑揚とは、歌うような踊るような「揺らぎ」である

　ただし、図7-1はあくまでも簡単に表したものです。本当は、抑揚にはもっと細かくて、柔らかく流れるような動きが入ります。私はこれらの抑揚の動きを「揺らぎ」と

表現しています。そして、その細かい「揺らぎ」も、私たちは子供の頃からごく自然に、はっきりとそれが聞こえるようにしゃべっているのです。

しかし、日本語本来の細かな「抑揚の揺らぎ」についてくわしい解説を始めると、本がもう1冊書けてしまうほどなので、ここではざっくりと、イメージだけつかめるように説明していきます。

みなさんは子供の頃、友だちの家の前で、
「や～ま～だくん、あ～そびましょぉ」などと言って誘い出したりしませんでしたか？ 憶えのある方は、そのとき、どんな高低でしゃべっていたか、思い出してみてください。おそらく、マークを入れるとこんな感じだったのではないかと思います。

や／ま／ぁ＼だぁ　く／ぅ＼ん
　　　　　　　あ／そ　び／ぃ＼ま　しょ／ぉ＼う

最初の「や～」は低く、「まぁ」の音は、母音を引っ張りながら思い切り高く「だぁ」は低く、「く」も、思いっきり高く母音の「ぅ」まではね上げ、「ん」は余韻で自然に下げる。

次に、「あ」はまた低く、「そ」は少し上げるけれど、「やまだ」の「ま」ほどは上げない。そして次の「びぃ」を母音まで意識して高く持ち上げ、「ま」はまた下げる。「しょ」は、ポンと跳ね上げて、余韻の母音は「ぉー」で伸ばしながら下げていく。

こんな風ではありませんでしたか？　それは、まるで歌うような言い方だったのではないかと思います。
　しかも、いつも同じ節ではありません。
　たとえば、名前が変わって「明君、あそびましょ」となった場合は、「あきら」は「あ＼きら」という頭高のアクセントなので、ちゃんと「あ／ぁ」と言いながら、ぴんと母音を跳ね上げて、次の「き」をしっかり落とす音階に変えています。
　つまり、子供の頃すでに、私たちは正しい日本語のアクセントにのっとりつつ、こうした日本語独特の「揺らぎ」にも自然と気がついていた、ということです。
　そして、この「抑揚の揺らぎ」こそが、言葉に情感を入れるものの正体なのです。

▶「揺らぎ」とはデータ量の多さである

　実は「揺らぎ」によって情感を入れるのは、歌や踊りも同じです。
　歌でいえば、たとえ音程通りに正確に歌っても、ビブラートや「こぶし」「しゃくり」などがなければ、つまらない歌、あまりうまくない歌に聞こえてしまいます。音符には書かれていない、いろいろな「揺らぎ」を使ってこそ、歌が「うまい」と聞こえるものだからです。
　もちろん、しゃべるときにビブラートや「しゃくり」など入れたら嫌がられてしまいますが、音の高低の「揺らぎ」に情感をかき立てられるという意味では同じなのです。

ちなみに、大人数で歌う合唱団は、音程通りに歌いますし、ビブラートはともかく、「こぶし」や「しゃくり」などはまず使いません。それなのに、なぜすばらしい歌声に聞こえるかというと、人それぞれの「声の高低」という「雑味」が加わることで、その高低が「揺らぎ」の効果をあげているからなのです。

　歌だけではなく、踊りも同じです。ロボットダンスのような、わざとぎくしゃくした動きを楽しむものもありますが、基本的にダンスは、優雅にしなやかに流れるもののほうを、私たち人間は「美しい」と感じます。

　フィギュアスケートなども同じです。ただまっすぐ滑るのでなく、しゃがんだり伸び上がったりしながら滑れば優雅に生き生きと見えますし、指先まで柔らかくうねるように腕を持ち上げれば、やさしい動きに感じられます。どんなに手足が長く、みごとなスタイルをしていても、直線的にバンバンと腕を投げ出すような動きでは、ちっとも美しくは見えません。

　では、動きや音に「揺らぎ」という表現が入ると、感情豊かに感じられるのはなぜでしょうか。

　それは結局のところ、データ量の多さということではないかと考えられます。たとえば、直線では1しかなかった長さが、同じ距離でも細かくうねうねと進む曲線になれば、線の長さそのものは1.2にも1.5にもなります（図7－2）。つまり、「揺らぎを入れる」と、「データ量が増える」わけです。そして「データ量が増える」ということは「表現が大きくなる」ことにつながります。

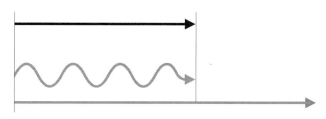

図7-2 直線と「揺らぎ」はデータ量が違う
うねうね線をまっすぐ引き伸ばすと直線より長くなる

　逆に言えば、「揺らぎ」が足りないということは、データ量をケチっているということなので、優しさ、愛情などが足りないと相手に感じさせてしまうわけです。

▶子供のときの「はい」を思い出そう

　では、どうすればその「揺らぎ」のある音を、しゃべるときに入れることができるのでしょうか？
　これはまさに、子供の言い方を採りいれる、と意識すればいいのです。
　たとえば、子供のときは、ふだん「は〜い」と伸ばして返事をしていた人が多いと思いますが、授業中に、本当に先生に当ててほしいときは、「は／ぁ／ぁ＼い」と、「は」の母音の「あ」をやたら伸ばして、引っ張り上げていませんでしたか？（図7-3）
　そのときと同じように、「あ」の母音の言い方を意識するだけでいいのです。もちろん、子どものようにシャカリキに声を張り上げて伸ばせと言っているわけではありませ

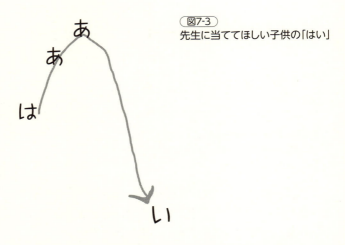

図7-3
先生に当ててほしい子供の「はい」

ん。「あ」の母音を意識して、少し上に持ち上げるだけです。

　これだけで、さわやかで素直な「はい」に、本当に聞こえるようになります。

　実際、章の冒頭で紹介した「はい」が不機嫌そうに聞こえてしまっていた人も、このやり方を実践しました。それまでは「は＼い」と、ただアクセント通りに上下するだけのまっすぐな音だった返事を、元気な子供たちが言うような上下のカーブをたっぷり入れた「はい」の音になるように意識して練習してもらったのです。たったそれだけで、大人にも好かれる感じのいい「はい」に、みごとに変わったというわけです。

▶学校で子供に教えてほしいこと

さて、ここまで読んできて、「自分は子供の頃は、そんな返事のしかたをしなかった」「節をつけて友だちを呼ぶのなんて、変だとずっと思っていた」という人がいるかもしれません。そういう方は、この高低の「揺らぎ」を子供の頃からあまり入れられない人だった可能性があります。もしかしたら、普通にしゃべっているのに「ふてくされている」とか「反抗的」などと言われたことが、いままでに一度くらいはありませんでしたか？ また、初対面の人と友だちになるのがちょっと苦手ということがありませんでしたか？

この、高低の「揺らぎ」がふだんからあまり入らない人は、どうしても言葉に感情が乗りにくくなるので、誤解されてしまうことが多くなるのです。

ではなぜ、人によって「揺らぎ」が入る人と、入らない人がいるのでしょうか？

脳が学習するしくみを研究しているある先生によると、赤ちゃんは、生後6〜8ヵ月くらいまでの間に、母国語の特性を、細かい音まで、頭の中で統計的な処理をしながら聞きとっているのだそうです。

つまり、「機嫌のいい『はい』は、『は＼い』ではなく『は／ぁ／ぁ＼い』なんだな」とか、「山田君は『や／まだくん』ではなくて『や／ま＼だ／く／う＼ん』と『く』の母音をやたら高く言うんだな」といったことを、親など周りの人の言葉を聞くだけでちゃんと把握し、学習していると

いうのです。

　ということは、そのくらいの月齢までの間に、両親をはじめ周りにいる大人が、本来の日本語である「揺らぎのあるしゃべり」をしていれば、その子も同じようにしゃべるようになりますが、平坦な、「揺らぎ」のないしゃべり方の大人ばかりが周りにいると、日本語とはそういうものだと誤認してしまう可能性があるわけです。そして、誤認してしまった子供は必然的に、「揺らぎ」のないしゃべり方をしてしまう確率が高くなります。

　実は私のレッスンには、「何を読んでも暗くなってしまうのは、自分の声が低すぎるからだ」と勘違いして悩んでいる方がよくいらっしゃいます。もちろん、問題があるのは読みのときだけで、ふだんのしゃべりには問題ない方も多いのですが、「声が低い」と悩んでいる方の多くは、声が低いのではなく、ふだんのしゃべりにこの高低の「揺らぎ」があまり入っていない場合が多いのです。だから暗く聞こえてしまうのです。そういう方に聞くと、たいていはご両親のどちらかが、あまり感情の入らないしゃべり方をしていた、といいます。

　また、ちょっと悲しい話ですが、

夫婦仲が悪くて喧嘩ばかりしていたり、不機嫌な会話しかしていない家庭だったりすると、それが日本語なのだと、赤ちゃんのいたいけな脳は誤認してしまいます。

あとは、ご両親が忙しいなどの事情で、祖父母がおもに面倒を見ていたという場合。人はどうしても年とともにエネルギーが減りますから、音の高低をつくる力も減ってきます。お年を召したおじいちゃん・おばあちゃんが専ら話し相手をしていた赤ちゃんは、高低の「揺らぎ」が少し足りなくなる可能性があります。

というわけですので、もし周りに「はい」の返事の印象が悪く、ふてくされているように聞こえる子供がいたら、それはふてくされているわけではなく、「日本語とはこういう音だ」と間違って認識しているだけかもしれません。

どうか、この本を読んでくださっている学校の先生にお願いいたします。返事は「は＼い」じゃなくて、「は／ぁ＼い」だよと、子供たちに教えてあげてください。それだけで、その子の人生が変わってしまうことまでが、多々あるのです。この本の目的の一つである「子供の頃から知っていれば」という嘆きを一つでも減らすために、全国の先生方には、ぜひ、このことを教えていただきたいと心より願っています。

▶「揺らぎ」を入れる練習をしてみよう

もちろん、大人になってからでも、最初にご紹介した人のように「はい」の音を変えることはできます。さらに、よく使う言葉だけでも意識して直していけば、ずいぶん印

象は変わるはずです。

　たとえば、いわゆる「店員しゃべり」の「いらっしゃいませ〜」が、なぜあんなに心がこもっていないように聞こえるかというと、「い／らっしゃいま＼せ」というアクセントのままで、抑揚の高低の動きをまったく意識していないからです。

　では、子供のときの「山田君、遊びましょ♪」という歌うような節回しをそのまま採りいれるつもりで、練習してみましょう。

　どうするかというと、
「い／ら＼あ　しゃ／あ＼い♪」「ま／ぁ＼／せ＼ぇ♪」という感じで、ばらして歌ってみるのです。とくに、母音を意識してみてください。この母音の高低の動きが少しでも入れば、少なくとも「店員しゃべり」ではなくなります。

　以下、同様に、2つにばらして歌ってみましょう。

●「お願いいたします」
「お／ね／が＼い♪」「い／た＼し　ま／ぁ＼／す＼う♪」
●「お待ちください」
「お／待＼ち♪」「／く＼う　／だ＼ぁ　さ／ぁ＼い♪」
●「ありがとうございます」
「あ／り＼が　と／ぉ＼う♪」「ご／ざ＼いま／ぁ＼す＼う♪」

　いかがですか？　少し、「揺らぎ」が入ってきましたか？

　こんな遊びなら、子供でもできますから、ふだんから元

気がない感じのしゃべり方をしている子供たちとも一緒に遊びながら、ぜひ試していただきたいと思います。

▶歌舞伎も「揺らぎ」でできている

　このような小さな高低の抑揚、すなわち「揺らぎ」は、単語一つ一つの中にいくつも入っています。一つの単語を一山で言うから棒読みになるのであって、一単語の中に音の山をいくつも入れれば、単語一つ一つに感情がこもってきます。

　そして、上がる→下がる、下がる→上がる……という高低をリズムカルに踏みながら、だんだん語尾に向かうにしたがって下がっていくと、直線だった言葉が、深い情感のある言葉に変わっていくのです。

　これは、声に出してものを読んだり、セリフを読んだりする仕事をしている人たちにも、とても重要なことです。棒読みになる、セリフが大根……といわれる人は、この高低の「揺らぎ」が圧倒的に足りないからです。

　最後に、日本の伝統芸能である歌舞伎の音について、ちょっとだけ……。歌舞伎のしゃべり方って、うねうねしてて、なんだか変だと思いますよね。「普通の日本語じゃない」と感じている方も多いでしょう。

　しかし、歌舞伎の節回しこそ実は、日本語の「揺らぎ」をかなり正確にトレースしているものなのです。実際に、TVのナレーションなどを超スローにして聞いてみると、ほとんど歌舞伎にしか聞こえないものがたくさんあります。そのくらい、日本語の普通の音に近いのです。

つまり、子供が自然に日本語の特性（高低の「揺らぎ」）を感じとって、歌うように友だちを呼んでいたように、昔の人も、自然に日本語の特性を感じとって、歌舞伎という舞台芸能として完成させたというわけです。なんだか、すごいですよね。

　でも、みなさんだってもう、日本語の特性をご存じです。丁寧に母音を言うこと。アクセントの高低だけでなく、抑揚の高低の「揺らぎ」を意識しながら、高いところからだんだん下がっていくこと。——そんなしゃべり方を少しでも身につけることができるようになれば、「暗い」だの「ふてぶてしい」だのという理不尽なそしりを免れることができます。

　子供たちでしたらなおさら、いくらでも改善は可能です。未来の幅を狭めないためにも、「は／ぁ＼い」はもちろん、スキップしながら歌うように言う「遊びましょう♪」の節回しも、ぜひ身につけてほしいと思います。できればそれも、学校で教えてあげてほしいな、とも……。

　日本語は豊かで楽しい言語です。アクセントや、抑揚の「揺らぎ」によって、実に多様な感情やニュアンスを表現することができます。

　しかも第２章で述べたように、舌の筋肉を鍛えて滑舌よくしゃべれば、顔が引き締まり、いつまでも若々しくいられるというおまけまでついてきます。

　こんなすばらしい言語を母国語にもてたことを、誇りに思います。そして、22世紀にも、23世紀にもずっと、この

ように豊かなままの日本語が残ることを、心から願ってやみません。

あとがき

　幼児教育が盛んです。子供の潜在能力を引き出そうと、音楽やスポーツはもとより、脳トレなどもあちこちで行われています。音感・運動能力、言語能力などは、幼少期のある時期が爆発的に伸びるという考え方が浸透してきたからでしょう。

　たしかに、オリンピックに出場するような選手は、お兄さんお姉さんの影響、または親が選手だったなどで、3歳ぐらいから始めた人が多い印象ですし、音楽や芸能の世界も、似たり寄ったりです。囲碁将棋などの知的ゲームも、本当に小さい頃から本気モードでやっていた人しか、あの実力社会のピラミットの中には入れないのでしょう。

　そう考えると、やはり、「子供の頃にやっていた」というアドバンテージは大きいものがあると思います。

　こうしたスポーツや芸術の世界、また、発想力・記憶力の強化などは、子供の頃からやればやるだけその差がはっきりと見えるのでわかりやすいのですが、こと、しゃべる声……となると、あまりにも誰でもできることなので、ほとんど気に留めない方が多いのではないでしょうか？

しかし、本書にも書いた通り、しゃべる声に何らかの問題があると、人生において、大きな影響を及ぼします。

　それは、いろいろな問題を抱えて私のもとを訪ねてきてくれた何百人という方の、口の中をのぞき込んだり、頬や顎の筋肉などを触ったり、生活面での話を聞いたりして探ってきた結果、見えてきたことです。いわば、臨床データのようなものです。

　また、一緒に問題解決を考えるなかで、生徒さん自身が体験してきたことも数多く聞かせていただきました。本書でもたくさんの方のエピソードを紹介させていただきましたが、みなさん、「後輩たちが私と同じ苦労をしないですむために、どうぞ私の体験を役立ててください」と言ってくれました。ご自身が悩み苦しんできたからこその、切実な重みのある言葉です。

　この本には、そんな、レッスン生の苦闘の積み重ねのなかで見つけ出されてきた、万人に共通する問題と、その解決方法がギュッと詰め込んであります。これらのことを周りの大人が意識していれば、スポーツや脳トレなどの幼児教育と同様に、子供の将来に大いなる影響を与えるはずです。

　いま私は、「このことを一人でも多くの大人に知ってほしい。できることなら、この本が幼稚園や小学校の入園・入学祝いとして頭に浮かぶようなものになってほしい。そして、子供たちみんなが朝礼などで、ストローを吸ったり、歌うように返事をしてみたりするのが、毎朝のにぎやかな習慣としてあたりまえの光景になってくれれば……」と、願っていま

す。

　これらの願いが実現すれば、将来、私のところに学びに来る人は一人もいなくなるかもしれません（笑）。でもそうなれば、この本が目的を達成して大成功を収めたことになるのですから、著者冥利に尽きるというものです。

　最後になりましたが、今回も協力してくれた、たくさんの生徒さんに感謝の言葉を述べさせていただきます。教えるということを始めて、10年以上たちますが、最初に感じた「教えるということは、学びなおすこと。そして教えている人から教わることもたくさんある」ということを、いまだに実感しつづけています。

　また、本書は当初、ブルーバックスの前著『「魅せる声」のつくり方』で詳細に解説した「声」のつくり方を、より一般向けに……というコンセプトで企画しました。しかし時間とともに、私のなかで「子供の頃に知らなかったばかりに人生で損をしている人を一人でも減らす本にしたい」という気持ちが強くなり、大幅に方向転換してしまいました。そのため編集担当の山岸浩史さんをはじめ、ブルーバックス編集部のみなさんには大変ご迷惑をおかけしてしまいました。

　その分、みなさまにとっては、「いま知ることができて本当によかった」と思ってもらえる本になったはずと期待を込めて……。本日、世の中に産み落とさせていただきます。

2018年4月

篠原さなえ

さくいん

【あ行】

アクセント 181
アクセントマーク 182
頭高 182
アデノイド 81, 93
アデノイド顔貌 95
アデノイド増殖症 94
アレクサンダー・テクニーク 38
アレルギー性鼻炎 81
イビキ 47
医療費控除 139
咽頭扁桃 81, 93
イントネーション 184
インナーマッスル 38
インビザライン矯正 132
受け口 128
嚥下障害 47
横隔膜 45, 166
おちょぼ口 32

【か行】

開咬症 140
過蓋咬合 130
下顎後退症 140
下顎骨隆起 143
下顎前突 128
顎関節症 28, 131
顎変形症 140
顎変形症手術 132
肩式呼吸 47
滑舌 5, 69
下鼻甲介粘膜切除 83
噛みしめ癖 33, 142
吃音 74
胸式呼吸 47
強弱アクセント 181
口呼吸 24
血小板 145
誤飲性肺炎 47
口蓋垂 148
口蓋扁桃 93
高額医療費制度 140
硬口蓋 171
口唇筋 62
高低アクセント 181
口内骨隆起 32
後鼻神経切断術 84
骨格性上顎前突 131

【さ行】

歯周病 131
歯性上顎前突 131
舌の反り 66
上咽頭 81, 96

上咽頭炎　97
上顎前突　131
上顎洞炎　87
自律神経鬱　40
歯列矯正　51
神経ブロック　84
滲出性中耳炎　94
審美矯正　127
ストレートネック　40
スポット　170
スマホ首　29, 40
舌圧測定器　42
舌小帯　26
舌小帯異常　102
舌小帯短縮症　102
舌苔　24
切端咬合　28, 128
切端咬合気味　137
舌癒着　119
舌力　3, 18
前位舌　7, 36
側音　56

【た行】

たらこ唇　60
蓄膿症　81
ディープバイト　34, 127
低位舌　7, 32
出っ歯　28, 131

【な行】

中高　183

軟口蓋　171
匂い玉　24
二重顎　20
猫背　29
粘膜下・下鼻甲介骨切除術　83
のどちんこ　93, 147

【は行】

歯茎出っ歯　131
白内障　49
拍の短縮　180
鼻うがい　97
鼻声　66
鼻づまり　66
反対咬合　28, 127
ピアニッシモ　182
美人画　63
非対称症　140
鼻中隔　85
鼻中隔湾曲症　81, 85
表情筋　69
フォルテ　182
腹横筋　46
腹式呼吸　38, 166
副鼻腔炎　81
不平不満顔　29
扁桃　93
扁桃腺　24
ほうれい線　28
ポカン口　21

【ま行】

マウスピース　132
(睡眠時) 無呼吸症候群　29, 47, 148
無声化　122
免疫細胞　93

【や行】

揺らぎ　187
抑揚　184

【ら行】

リエゾン　180
緑内障　49
リンパ組織　93
レーザー手術　82

【わ行】

ワイヤー矯正　133
笑うツボ　166

【アルファベット】

Bスポット治療　99
PRP　145

N.D.C.811　　270p　　18cm

ブルーバックス　B-2042

日本人のための声がよくなる「舌力(ぜつりょく)」のつくり方
声のプロが教える正しい「舌の強化法」

2018年 4月20日　第1刷発行
2021年 6月 9日　第5刷発行

著者	篠原(しのはら)さなえ	
発行者	鈴木章一	
発行所	株式会社講談社	
	〒112-8001　東京都文京区音羽2-12-21	
電話	出版	03-5395-3524
	販売	03-5395-4415
	業務	03-5395-3615
印刷所	(本文印刷)株式会社新藤慶昌堂	
	(カバー表紙印刷)信毎書籍印刷株式会社	
製本所	株式会社国宝社	

定価はカバーに表示してあります。
© 篠原さなえ 2018, Printed in Japan
落丁本・乱丁本は購入書店名を明記のうえ、小社業務宛にお送りください。送料小社負担にてお取替えします。なお、この本についてのお問い合わせは、ブルーバックス宛にお願いいたします。

本書のコピー、スキャン、デジタル化等の無断複製は著作権法上での例外を除き禁じられています。本書を代行業者等の第三者に依頼してスキャンやデジタル化することはたとえ個人や家庭内の利用でも著作権法違反です。
Ⓡ〈日本複製権センター委託出版物〉複写を希望される場合は、日本複製権センター(電話03-6809-1281)にご連絡ください。

ISBN978-4-06-502042-5

発刊のことば

科学をあなたのポケットに

二十世紀最大の特色は、それが科学時代であるということです。科学は日に日に進歩を続け、止まるところを知りません。ひと昔前の夢物語もどんどん現実化しており、今やわれわれの生活のすべてが、科学によってゆり動かされているといっても過言ではないでしょう。

そのような背景を考えれば、学者や学生はもちろん、産業人も、セールスマンも、ジャーナリストも、家庭の主婦も、みんなが科学を知らなければ、時代の流れに逆らうことになるでしょう。

ブルーバックス発刊の意義と必然性はそこにあります。このシリーズは、読む人に科学的に物を考える習慣と、科学的に物を見る目を養っていただくことを最大の目標にしています。そのためには、単に原理や法則の解説に終始するのではなくて、政治や経済など、社会科学や人文科学にも関連させて、広い視野から問題を追究していきます。科学はむずかしいという先入観を改める表現と構成、それも類書にないブルーバックスの特色であると信じます。

一九六三年九月

野間省一